Hinweise zur Arbeit mit dem KUNST Arbeitsbuch 1

Das Buch

Für den Kunstunterricht bleibt in den Anfangsklassen der Sekundarstufe oft kaum Zeit und Raum. Soll das Fach mehr leisten, als den Schülern im „harten Schulalltag" ein wenig Abwechslung und Entspannung zu bieten, dann muss sehr genau überlegt werden, wie ein verantwortbares und praktikables Unterrichtskonzept auszusehen hat, das alle Anforderungen des Faches erfüllt.

Das KUNST Arbeitsbuch 1 bietet mit seinen 13 Kapiteln eine Orientierung und ein komplettes Unterrichtsprogramm für den Kunstunterricht in den Klassen 5, 6 und bis hinein in die Klasse 7.
Es wählt bewusst Inhalte und Methoden aus und entwickelt einen Wissens- und Handlungskanon für den Kunstunterricht dieser Klassen, der sich an den aktuellen Vorgaben der Länder orientiert. Wie geht das Buch dabei vor? Es unterstützt einen Unterricht, in dem die Inhalte und Methoden des Faches Kunst eng miteinander verknüpft werden. Dafür stellt es im Unterschied zu allen bisher vorliegenden Schulbüchern für das Fach die Aufgaben in den Mittelpunkt. Diese Aufgaben beziehen sich thematisch konkret auf die Lebenswelt der Schüler und auf die Inhalte des Faches Kunst. Sie greifen Fragestellungen aus der gestalteten Umwelt, aus der Welt der Bilder und der Kunst auf. Sie ermöglichen den Schülern eigene ästhetische Erfahrungen.

Die Aufgaben sind durchgehend so strukturiert, dass sich in ihrer Bearbeitung der untrennbare Zusammenhang von Form und Inhalt in Kunstwerken und in Gestaltungsprozessen vermittelt. Für die Bearbeitung dieser Aufgaben liefert das Buch Bildmaterial, Informationen und Methoden.

Die angegebenen Seitenzahlen im vorliegenden Lehrerband beziehen sich, wenn nicht anders angegeben auf das KUNST Arbeitsbuch 1.
Aufgrund des Leseflusses wird der Terminus Schüler repräsentativ für beide Geschlechter verwendet.

Das KUNST Arbeitsbuch 1 im kompetenzorientierten Unterricht

Das Buch lässt sich in einem kompetenzorientierten Unterricht einsetzen, wie er heute gefordert wird. Es liefert nicht bloß den Stoff für das Anhäufen von kognitivem, trägem Wissen. Es bleibt nicht bei der isolierten Vermittlung von Techniken stehen. In der Bearbeitung der mit dem Buch fundierten Aufgaben haben die Schüler die Chance, die Kompetenzen zu erwerben, die sie für das Herstellen, Verstehen und Beurteilen von Bildern brauchen, die sie benötigen, um sich in der Kunst und in der Welt der Bilder zu orientieren. Die Aufgaben sind in allen 13 Kapiteln auf die Entwicklung folgender Kompetenzen orientiert:

Grundlegende Kompetenzen
- Wahrnehmungskompetenzen:
  Gestalt suchen, Gestalt erkennen, Gestaltungsprozesse nachvollziehen
- bildnerische Kompetenzen:
  Gestalt geben, bildnerische Mittel und Verfahren schöpferisch einsetzen
- handwerkliche Kompetenzen:
  Werkzeug und Material gekonnt und sachgerecht einsetzen
- Präsentationskompetenzen:
  Gestaltetes überlegt präsentieren

Übergreifende Kompetenzen
- Prozesskompetenzen:
  Gestaltungsprozesse und Prozesse zur Untersuchung von Bildern entwerfen, planen, vorbereiten, auswerten, dokumentieren
- Beurteilungskompetenzen:
  Bilder und Prozesse beschreiben, differenziert beurteilen, im Kontext bewerten

Personenbezogene und kulturelle Kompetenzen
- personale (Ich-)Kompetenz:
  Selbstwahrnehmung, Selbstdarstellung
- soziale und kommunikative Kompetenz:
  Fremdwahrnehmung, an Bildern in der Gruppe arbeiten, über Bilder mit anderen sprechen
- kulturelle Kompetenzen:
  sich im Lebensraum, in der Welt orientieren, zu ihrer Gestaltung beitragen

Die Grenzen der Kompetenzbereiche sind dabei nicht schematisch zu sehen. Im Gestalten nehmen Schüler z. B. wahr und beurteilen das Gestaltete, im Präsentieren gestalten und beurteilen sie. Das Zusammenspiel der verschiedenen Zugangs- und Handlungsweisen, die Verzahnung der zur Bearbeitung des Problems erforderlichen Kompetenzen ist gerade ein Merkmal von künstlerischem oder kunstbezogenem Herangehen an eine Aufgabe.

Die Aufgaben im KUNST Arbeitsbuch 1 orientieren sich in ihrer Struktur an den Stufen der Bearbeitung eines jeweiligen Problems:

- Etwas entdecken, anblicken, anschauen, untersuchen (Thementeil: Fragen zum Bild)
- Die Herausforderung, die Fragestellung benennen, die darin steckt (Thementeil: Aufgaben)
- Eine Idee zur Bearbeitung, zur Herstellung oder Deutung eines Bildes entwickeln, entwerfen, skizzieren, planen (Thementeil: Aufgaben)
- Die Bearbeitung eines Problems vorbereiten, dazu recherchieren, Werkzeug und Material besorgen, geeignete Methoden auswählen (Methodenteil: Übungen)
- Wege zur Bearbeitung ausprobieren, experimentieren, Vorgehensweisen und Verfahren qualifizieren, üben, weiterentwickelnd wiederholen (Methodenteil: Übungen)
- Ein Werk in Auseinandersetzung mit dem Problem herstellen (Thementeil: Hauptaufgabe)
- Ergebnis und Prozess dokumentieren, präsentieren, auswerten, bewerten (Methodenteil: Übungen)

Das KUNST Arbeitsbuch 1 ist auf ein Spiralcurriculum hin angelegt. Im Laufe der zwei Schuljahre am Anfang der Sekundarstufe werden mit den 13 Kapiteln des Buches alle wesentlichen Bereiche des Faches (Kompetenzbereiche) mindestens einmal durchlaufen. Es werden die für die Arbeit im Fach grundlegenden Fertigkeiten aufbauend auf die künstlerische Arbeit in der Grundschule weiterentwickelt. Das Buch sichert einen Durchgang durch die wesentlichen Themenfelder des Faches. Damit wird zugleich die entscheidende Grundlage für die folgenden Schulstufen gelegt.

Das KUNST Arbeitsbuch 1 im Spiralcurriculum Kunst

Soll es zu einem aufbauenden Kompetenzerwerb kommen, müssen Lernprozesse in einem Spiralcurriculum strukturiert werden. Im Kernbereich des schulischen Lernens lassen sich vier anthropologisch und pädagogisch begründbare Schleifen für diese Spirale unterscheiden: Eine erste für die Kindheit in der Grundschulzeit, eine zweite für die späte Kindheit in den Anfangsjahren an der Sekundarstufe, dann eine dritte für die Phase der Pubertät in der zweiten Phase der Sekundarstufenzeit. Eine vierte schließlich für die Vorbereitung auf das Abitur.
Die KUNST Arbeitsbücher 1–3 folgen für die drei Phasen in der kompletten Sekundarstufe einer spiralcurricularen Struktur. Sie sind auf eine altersstufengerechte flexible Erweiterung der Horizonte und eine konsequente Vertiefung des Verstehens hin angelegt. Das ist nicht mit der Vorstellung von einer stufenweise Aufhäufung von Wissen und Fertigkeiten zu verwechseln.

Die didaktischen Horizonte:

Horizont der thematischen und inhaltlichen Welterschließung
- altersgerechte Auswahl von Themenfeldern und Inhalten
- altersgerechte Auslegung der Aufgaben innerhalb der Themenfelder

Horizont des Bildverstehens
- dem jeweiligen Alter entsprechend forderndes, dabei zumutbares Bildmaterial
- Aufstieg vom elementaren Wahrnehmen zum begründeten Beurteilen

Horizont methodischen und gestalterischen Könnens
- von einfacheren zu komplexeren Verfahren

Horizont des Wissens
- von einfacher zu komplexer Information
- von relativ voraussetzungsloser zu „voraussetzungsvoller" Information
- wachsendes sprachliches Niveau
- zunehmende Anforderung an Vernetzung/Transfer von Wissen
- von Geschichten zur Kunst zur Kunstgeschichte

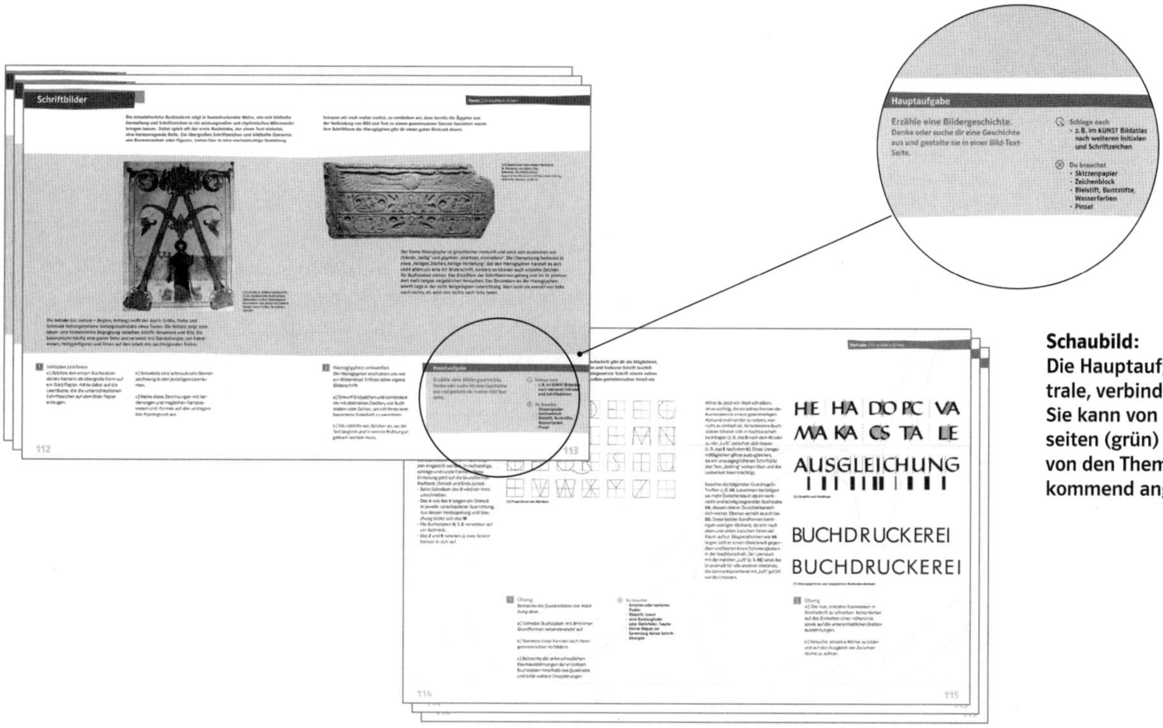

Schaubild:
Die Hauptaufgabe ist die zentrale, verbindende Schnittstelle. Sie kann von den Methodenseiten (grün) kommend oder von den Themenseiten (rot) kommend angegangen werden.

Der Einsatz des Buches im Unterricht

Die bisherigen Schulbücher zur Kunst waren nicht darauf angelegt, den Unterricht kontinuierlich zu strukturieren. Mit dem hier vorgelegten Buch ist dies möglich.

Das Buch kann
- eingesetzt werden zur punktuellen Ergänzung des normalen Kunstunterrichts,
- zum tragenden Instrument zur Strukturierung des kompletten Unterrichts werden,
- von den Schülern zum Selbststudium und als Leitfaden zur Erarbeitung von Verfahren und Techniken genutzt werden.

Die Kapitel

Es ist leicht gesagt, dass die inhaltliche Arbeit im Kunstunterricht mit dem Erlernen von Techniken und Verfahren in Verbindung stehen soll. In der Praxis fällt das erfahrungsgemäß leider oft auseinander: Wenn z. B. die Erarbeitung einer Drucktechnik oder der Umgang mit Farben ansteht, werden manchmal die Inhalte einer Aufgabe beliebig ausgewählt. Sie werden damit zum bloßen Vehikel für Formfragen und genügen kaum ernsthaften Ansprüchen. Umgekehrt werden häufig thematisch anspruchsvolle Aufgaben aus der Lebenswelt der Schüler, mit Bezug zu Natur und Geschichte gestellt, ohne dass dazu sorgfältig die gestalterischen Kompetenzen erarbeitet werden. Das führt häufig dazu, dass die Schüler bei Anwendung von Techniken und Verfahren immer wieder nur auf das zurückgreifen, was sie schon können. Das gestalterische Niveau entwickelt sich dadurch nicht weiter.
Das KUNST Arbeitsbuch 1 ist darauf angelegt, dieses „Entweder/Oder" zu überwinden. Jedes Kapitel ist ein in sich geschlossenes Ganzes. Es ist auf die Verbindung der ernsthaften Bearbeitung von Aufgaben mit der schrittweisen Erweiterung des Gestaltungs- und Reflexions-Repertoires im Umgang mit Bildern ausgerichtet. Jedes Kapitel dreht sich als Ganzes jeweils um eine Hauptaufgabe (s. hier S. 9). Alles Bildmaterial, alle Informationen im Thementeil und alle Übungen im Methodenteil des Kapitels tragen dazu bei, dass diese Hauptaufgabe von den Schülern fundiert bearbeitet werden kann.

Zu jedem Buchkapitel sind vier verschiedene Zugänge möglich:
- Einstieg über die Betrachtung des Hauptbildes
- Einstieg über das Thema
- Einstieg über die Übungen im Methodenteil
- Einstieg über die Hauptaufgabe selbst

Grundsätzlich sind alle Kapitel sowohl für den Unterricht in Klasse 5 als auch für Klasse 6 oder den Anfang der 7. Klasse geeignet. Die Kapitel bauen in ihrer Reihenfolge nicht aufeinander auf. Die Bearbeitung kann der Entwicklung und den Interessen der Lerngruppe folgen. Die Erfahrungen der Autorinnen und Autoren sollen hier nur als Hinweis gegeben werden:
- Kapitel, die eher in der 5. Klasse zum Einsatz kamen: 1, 2, 3, 4, 9, 12
- Kapitel, die eher in der 6. (7.) Klasse erprobt wurden: 5, 6, 7, 8, 10, 11, 13

Werden jeweils alle Aufgaben und Übungen in einem Kapitel bearbeitet, dann können etwa fünf bis sechs Kapitel in einem Schuljahr bewältigt werden.
Die Methodenseiten sind jeweils dem Themenkapitel so zugeordnet, dass sie möglichst schlüssige Voraussetzungen zur Bearbeitung der Hauptaufgabe schaffen. Jedoch können zur Bearbeitung der offen angelegten Hauptaufgaben auch andere Methoden zum Einsatz kommen.

Die folgende Tabelle verweist auf einige methodische Varianten zu den Hauptaufgaben:

Kapitel	**Vorgestellte Methode zur Bearbeitung der Hauptaufgabe**	**Weitere Methodenabschnitte, die Kapitel, die zur Bearbeitung der Hauptaufgabe ebenfalls hilfreich sind**
1	Standbildarbeit, Modellieren	3, 6, 9
2	Inszenieren mit verschiedenen Medien	5, 11, 12
3	gegenständlich Malen, Maskenspiel	1, 4, 6
4	ungegenständlich Malen	7 (S. 94/95), 11
5	Zeichnen	3 (S. 42/43), 8
6	Porträtieren, mit Feder zeichnen	1, 3
7	Zeichnen, Fotografieren, Filmen	10 (S. 146/147), 12
8	plastisch konstruieren, Modell bauen	5, 12 (S. 152/153)
9	Zeichnen, Schriftbild gestalten	1, 2, 3
10	Fotografieren, Kartografieren	5, 9, 11
11	Collagieren, halbautomatische Verfahren anwenden	4, 12
12	Schattenspiel	1, 9
13	großflächig Zeichnen und Malen	10, 11

Die Themen

Die 13 Kapitel im Buch sind eine Folge von 13 Themen.

Die Themenauswahl des Buches begründet sich:
- aus der entwicklungsspezifischen Weltsicht von Kindern im Alter zwischen 10 und 13 Jahren: Die Themen beziehen sich auf Erfahrungen und Fragen zur äußeren und inneren Welt in der späten Kindheit und im beginnenden Jugendalter;
- aus einer vergleichenden Synopse der Bildungspläne für Realschulen und Gymnasien im Lande: Die Bildungspläne enthalten neben formalen und kompetenzbezogenen Zielen zunehmend auch inhaltlich-thematische Bestimmungen;
- aus den wesentlichen Themen und Inhalten, die in Kunstwerken der Welt-Kunstgeschichte immer wieder angesprochen werden. Kunstwerke werden nicht nur als Beispiele formaler oder „stilistischer" Gesetze gezeigt, sondern als Werke zur Weltdeutung mit inhaltlicher Aussage – etwa über Personen, Dinge, Naturzusammenhänge und Geschichten. Dieselben Themen und Inhalte bestimmen auch die „nichtkünstlerische" Bilderwelt, von der wir heute umgeben sind.

Die in der Gliederung des Buches zugrunde gelegten Inhalte und Themen sind einerseits *exemplarisch*, andererseits aber bilden sie doch ein Ganzes und schreiten *enzyklopädisch* einen sich weitenden Kreis aus – im Sinne eines Leitzieles von *personaler Allgemeinbildung*.

Die Gedankenbewegung dieses Kreises:
- Ausgegangen wird von der ursprünglichen leiblichen, bildhaften und performativen/rituellen Erfahrung eines gemeinschaftlichen „Wir": Die Zugehörigkeit zu Familie und Freundeskreis (Kap. 1) und zur sozialen und kulturellen Gemeinschaft (Kap. 2) bildet den ersten Horizont einer noch kindlichen Welterfahrung.
- Ausgehend davon weitet sich der Blick im beginnenden Jugendalter: In Beobachtung und Darstellung fokussiert sich die Zuwendung auf die eigene körperliche Personalität (Kap. 3), das eigene Gefühlsleben (Kap. 4) und andererseits auf die Außenwahrnehmung von Dingen (Kap. 5), Personen (Kap. 6) und Vorgängen (Kap. 7).
- Sodann werden drei wesentlich verschiedene Tätigkeitsformen und künstlerische Weltzugänge thematisiert: Das Erfinden und Konstruieren (Kap. 8), das bildhafte und schriftlich gestaltende Erzählen (Kap. 9) und das Dokumentieren und Kartografieren (Kap. 10). Das Erstere eröffnet im Rahmen des Buches exemplarisch den Zugang zur Welt der technischen Dinge und Bauten, das zweite zur Welt der visuellen und schriftlichen medialen Kommunikation, das dritte zur unmittelbaren Lebenswelt und urbanen Umwelt.
- In einer letzten Themengruppe geht es um die großen und abschließenden Inhalte, die uns in der Kunst entgegentreten und die zugleich wesentliche Erfahrungen und Fragen der Kinder und Jugendlichen repräsentieren: Die Welt der inneren Bilder, der Träume, Fantasien und Visionen (Kap. 11), die Welt des Fremden, Rätselhaften und Mythischen in den Weltkulturen und in den vergangenen Kulturen (Kap. 12) und schließlich die globale und kosmische Welt, die der abschließende Horizont unserer Existenz ist (Kap. 13).

Die Bilder

Das Buch ist ein „Bilderbuch". Es entfaltet eine kleine, auch für Kinder überschaubare Bilderwelt, in der sie lernen können, sich zurechtzufinden.

Das KUNST Arbeitsbuch 1 folgt diesem Bildbegriff:
Es gibt natürliche und künstliche Bilder. Natürliche Bilder sind z. B. das Schattenbild oder das Spiegelbild, künstliche Bilder Malereien oder Zeichnungen. Ein Spezialfall sind fotografische oder filmische Bilder: Sie sind mit natürlichen Methoden (Linsen, chemische oder elektronische Aufzeichnung) künstlich erzeugt. Auch gibt es „innere Bilder", Bilder, die wir „im Kopf" sehen,

etwa Traumbilder oder Vorstellungsbilder. Wir können sie nur durch Zeichnung oder Malerei „aus der Vorstellung" sichtbar machen. Bilder können darüber hinaus stehend oder bewegt sein. Heute werden auch Plastiken und Architekturen, ja sogar „Stadtbild" und „Landschaftsbild" in den erweiterten Bildbegriff einbezogen, selbst performativ-bildhafte Inszenierungen in Theater, Tanz und Ritual.

An den Anfang jedes Themenkapitels ist ein großes exemplarisches Hauptbild gestellt, das sich zwar „auf den ersten Blick" verstehen lässt, zugleich aber Fragen aufwirft und in die inhaltliche Auseinandersetzung führt. Über das Bild dringt der Schüler im Unterrichtsverlauf zu Problemen vor, deren er sich zuvor nicht bewusst war. Das Kapitel dreht sich im „roten" Thementeil um das Hauptbild, stellt ihm weitere Bilder und Bildkontexte zur Seite und eröffnet letztlich den Imaginationsraum, in dem die Hauptaufgabe des Kapitels spielt.
In den verschiedenen Fragen und Aufgaben zu diesem Hauptbild und seinen Nebenbildern lernen die Schüler:

- wie man Bilder betrachten, verstehen und deuten kann,
- wie man ihnen einfühlend, erlebend und fantasierend begegnen kann,
- wie man durch Bilder Erkenntnisse gewinnt über Dinge, Geschichten, Zusammenhänge,
- wie man sie als Anregung zum eigenen Bildschaffen nutzen kann,
- wie man ihnen Achtung und Mühe entgegenbringen muss,
- aber auch, dass man sie genießen und sie sich „zu eigen machen" kann,
- wie man sich ein Urteil über sie bilden kann.

Im Gang durch das Buch eröffnet und vervollständigt sich sukzessive ein großer Kreis von „Bildumgangsmethoden", von Verfahren des Verstehens und Deutens von Bildern. Es bildet sich eine Vertrautheit im Umgang mit Bildern, ein erstes grundlegendes „Bilderwissen", in dem Bilder der Kunst eine tragende Rolle spielen.
Zugleich stellen die Haupt- und Nebenbilder des Kapitels in ihrer Auswahl ein erstes Orientierungswissen über „Kunstgeschichte" bereit. Einige von ihnen finden sich auf der „Zeitleiste" im Anhang wieder. Andere finden sich im KUNST Bildatlas wieder, wo sie sich mit einem größeren und weiteren Bildhorizont verknüpfen. Über die grundlegende Orientierung in diesem begrenzten Bilderkreis baut sich eine kunstpädagogisch gut begründete Orientierung in jenem „All" der Bilder auf, das uns in der wirklichen wie auch in der digitalen Welt umgibt.

Die Aufgaben

Die Aufgabenorientierung ist das zentrale Merkmal des vorliegenden KUNST Arbeitsbuches 1. Das Buch ist auch ein Lesebuch, vor allem aber ein Arbeitsbuch. Auf jeder Seite des Buches finden sich Handlungsimpulse, die dem Benutzer entweder Aufgaben stellen oder aber ihn auffordern, sich selbst eine Aufgabe zu stellen – eine Fähigkeit, die mit fortschreitendem Alter zunehmend in den Vordergrund tritt.
Der Sinn von „Aufgabe" spannt sich von der einfachen Frage („Von welchen Bauten, Modellen und Apparaten träumst du?") bis hin zur komplexen Arbeitsaufforderung („Erfinde, konstruiere und baue das Modell eines Turmes oder eines fantastischen Fahrzeuges."). Es geht nicht um bloße gelegentliche Beschäftigungsimpulse, die nach der Bildbetrachtung vielleicht auch noch dazukommen, sondern um ernsthafte Herausforderungen mit offenem Ausgang.
Aufgaben sind hier der Dreh- und Angelpunkt des Lernverständnisses – in der verstehenden Annäherung an gesehene Bilder wie auf dem Weg zum selbst hergestellten Bild. Diese Aufgaben sind in einer hierarchischen Folge geordnet und unterscheiden sich im Typus.

Es gibt

- Einstiegsaufgaben („Betrachte das Bild genau ..."),
- einfache Aufgaben („Versuche in einer kleinen Zeichnung eine Figur aus einer der Abbildungen möglichst genau nachzuzeichnen."),
- komplexe Aufgaben („Gestalte eine überdeckende Collage zu einer deiner Traumwelten.").

Der komplexeste und die ganze Hierarchie der Aufgaben abschließende Aufgabentyp ist die Hauptaufgabe.

Ferner wird im Buch zwischen Aufgaben (rote Themenseiten) und Übungen (grüne Methodenseiten) unterschieden (s. hier S. 11 f.). Während letztere gleichsam „nur" der Aneignung von Verfahren dienen, haben die Aufgaben den Charakter von selbstständigen inhaltlichen Auseinandersetzungen – vergleichbar dem klassischen Arbeitsthema im Kunstunterricht.
Schon seit langem wird in der Kunstdidaktik der Unterschied zwischen dem Nebenthema und dem Hauptthema gemacht. Im letzteren gipfelt nach gängiger Praxis eine ganze Unterrichtseinheit. In neueren Bildungsplänen ist auch oft von „Musteraufgaben" die Rede, in denen mehrere Stränge von erworbenem Wissen und Können in einem konkreten eigenständigen Problemlösungsverfahren zusammengeführt werden.

Im didaktischen Konzept des vorliegenden Buches gibt es die Unterscheidung
- zwischen Einübung und Ausführung/Anwendung,
- zwischen geschlossenen Lernsequenzen im Sinne von Lehrgangslernen, Üben, Erproben usw. und offenen, selbst gesteuerten Lernsequenzen, die zu eigenen Setzungen von reflektiert gestalteten Werkaussagen führen,
- zwischen methodischer Engführung und freier Ausweitung.

Ebenso wesentlich ist der Wechsel zwischen rezeptiven, reflexiven, produktiven und kommunikativen/interaktiven Aufgabenstellungen. Über all diese Wechsel hinweg bilden die Hauptaufgaben das tragende Skelett des Arbeitsbuches und laufen immer auf die gestaltende Herstellung von inhaltlichen Werkaussagen hinaus.

Die Hauptaufgaben

Die Hauptaufgaben scheinen auf den ersten Blick einen sehr hohen Schwierigkeitsgrad aufzuweisen. Jedoch sollen sie auch nicht voraussetzungslos angegangen werden. Vielmehr setzen sie das Einüben von Verfahren voraus, fordern die Schüler zu selbstständigem Handeln in einem Themenfeld heraus, mit dem sie sich auseinandergesetzt haben.
Die Hauptaufgaben bündeln alles, was in den beiden Teilen des Kapitels gelernt werden kann, zugleich motivieren sie das inhaltlich-thematische wie handwerklich-gestalterische Lernen.
Es sind komplexe Aufgaben, die in komplexere Unterrichtseinheiten eingebunden sind und einen größeren Zeitraum der Bearbeitung erfordern. Hier kommen inhalts- wie formbezogene Lernprozesse in der Anwendung zusammen, ebenso Sachinteresse, Sachkenntnis, persönliche Empfindung und Stellungnahme, methodisches Können und Wissen, handwerkliches Können und gestalterisches Urteilsvermögen. Die Bearbeitung der Hauptaufgaben erfordert – individuell oder in der Gruppe – langfristiges und selbstständiges Arbeiten, immer wieder unterbrochen von Informationsbeschaffung, Recherche, Übung, Vorbereitung, Planung und Verständigungsprozessen.

Hauptaufgabe nach Kapiteln	Inhalte	Handwerkliche und gestalterische Voraussetzungen
1. Modellieren einer kleinen Plastik: - jemanden gern haben - jemanden beschützen	- emotionale Beziehung zu Menschen und Tieren im Lebensumfeld - emotionaler und körpersprachlicher Ausdruck von Bildern und Plastiken	- Beobachtung und Nachempfindung gestischer und szenischer Zusammenhänge - Standbildarbeit - Modellieren in Ton - figürliches plastisches Darstellen

Hauptaufgabe nach Kapiteln	Inhalte	Handwerkliche und gestalterische Voraussetzungen
2. Organisation und Gestaltung eines Festes	- Feste als bedeutungsvoller Ausdruck menschlicher Kultur und menschlicher Beziehungen - Feste, Festzubehör und Festräume als Gestaltungsmöglichkeit	- Kenntnis und Vergleich verschiedener Feste und Festbilder - Malen einer Festtafel mit Geschirr und Speisen - Organisationsstruktur einer Festvorbereitung - Gestalten von Einladung, Kleidung, Dekoration und Speisen
3. Malerei: Selbstdarstellung in Situation und Umgebung	- das Äußere des Menschen als Ausdruck seines Wesens - Körperhaltung, Gestik, Mimik	- fotografisches Selbstporträt - mimisches und gestisches Spiel mit dem eigenen Spiegelbild - Betrachtung und Beschreibung von Personendarstellungen - Gestaltung einer Mimik-Maske, Maskenspiel - Übungen zum Malen mit Deckfarben
4. Malerei: farbige Stimmungsbilder	- Farbunterschiede und ihre empfundene Wirkung - Bilder als Stimmungsausdruck	- Unterscheidungs- und Einfühlungsvermögen für Farben und Bildsituationen - Fantasiereise ins Bild - Klänge zu Bildern - Farbherstellung - maltechnische Übungen
5. Bleistiftzeichnung eines Stilllebens	- Stillleben als Abbild von realen Dingen - Stillleben als kompositionelle Ordnung	- Analyse von Kompositionsunterschieden - Bleistiftzeichnung: Linien und Graustufen - stark abbildhaftes Zeichnen von Gegenständen - Umrissformen und Proportionen von Gegenständen - Plastizität in der Zeichnung - Räumlichkeit in der Zeichnung - Kompositionsskizze - Kolorierung
6. Porträt eines Menschen oder eines Tieres: - Federzeichnung - Fotografie	- Porträt als Wesensdarstellung einer Person oder eines Tieres - Porträt als inszenierte Bildaussage	- Analyse, Vergleich, Nachstellen, Sammeln und Ordnen von Porträts - lebensgroße Tierzeichnung - zeichnerische Erkundung von Proportionen des Gesichtes - zeichnerische Studien von Gesichtsteilen - Technik der Federzeichnung: Struktur, Schraffur und Lavur - Grundzüge der Porträtfotografie
7. Festhalten einer bewegten Situation im Bild: - Zeichnung - Fotografie - Trickfilm	- Bewegung und Veränderung im Bild - Zeit- und Ereignischarakter von Bildern	- Verläufe beobachten und skizzieren - Bildserien zusammenfügen - Bewegungen und Veränderungen fotografieren - Daumenkino fotografieren oder zeichnen - Bilder oder Bildfolgen vertonen
8. Erfindung, Konstruktion, Modellbau eines Turmes oder eines fantastischen Fahrzeugs: - Planzeichnung - Modellkonstruktion	- Künstler als Erfinder und Konstrukteure - stabile Konstruktionen im Skelettbau	- konzeptionelle Konstruktionsskizze - analytisches Zeichnen von Konstruktionen - Planzeichnung - Modellbau aus Stäben und Leisten

Hauptaufgabe nach Kapiteln	Inhalte	Handwerkliche und gestalterische Voraussetzungen
9. Bild-Text-Gestaltung einer Geschichte	- Bild-Text-Zusammenhänge in Kunstgeschichte und Alltagskultur - Schrift im Bild und Schrift als Bild - Typografie und Layout - Bild und Erzählung	- Bild-Text-Bezüge untersuchen und vergleichen - eine einfache Kunstschrift schreiben - Schriften erfinden und entwerfen - Bild-Schrift-Collagen - Texte in Bilder setzen
10. Darstellung eines Lebensraumes: - Landkarte mit Fotos - Gestaltung eines Prospekts oder „Reiseführers“	- Kartografie - Bilddokumentation	- Dinge und Ereignisse dokumentarisch fotografieren, eine Bilddokumentation erstellen - Gebäude und Stadträume kartografieren
11. Ein fantastisches Wesen erfinden: - Collage oder halbautomatische Verfahren - Erzählung zum Bild	- Traumbilder, Fantasiebilder, Tagtraumbilder und imaginatives Sehen - Zufall und Imagination im Bildprozess	- zusammenfügende und überdeckende Collage - Hineindeuten von Bildern in Strukturen - Materialdruck - halbautomatische Verfahren - verborgene Wesen fotografieren - Bilder aus einem Musikstück entwickeln
12. Einen Heldenmythos als Schattenspiel inszenieren	- griechische und exotische Mythen - Silhouettenbilder und Vasenmalerei - Schattenspiel	- Silhouettenfiguren zeichnen und malen - Vasenmalereien entwerfen - mit Schatten spielen - Schattenfiguren und -bühne bauen - Inszenierungsmethoden für Theaterstücke erlernen
13. Ein persönliches Weltbild malen	- Weltvorstellungen, Weltmodelle, Weltbilder	- Weltbilder betrachten, verstehen und darüber nachdenken - Entwurfs- und Ausführungsprozesse bei großformatigen Bildern - Planungs- und Arbeitsprozesse bei Gemeinschaftsbildern

Die Methoden

Die eigenständigen Methodenseiten zu jedem Kapitel gewährleisten, dass grundlegende Techniken, Verfahren und Vorgehensweisen eingeführt und geübt werden können. Bringt eine Lerngruppe bereits die entsprechenden Voraussetzungen mit, kann für die Bearbeitung der Aufgaben im Thementeil darauf verzichtet werden. Der Zeitpunkt des Rückgriffs auf die Methodenseiten hängt von der Intention der Lehrerin oder des Lehrers ab.
Soll vorrangig eine bestimmte Technik eingeführt werden, kann der Einstieg direkt über eine der Methodenseiten sinnvoll sein.
Will man den didaktischen Intentionen der Herausgeber folgen, dann werden aus der Bearbeitung der Aufgaben zum Thema die erforderlichen methodischen Fertigkeiten und Kenntnisse nachgefragt. Die Übungen auf den Methodenseiten werden dann in einer späteren Phase des Verlaufs der Unterrichtseinheit aufgerufen.

Die im Buch ausgeführten Methoden lassen sich in vier Gruppen unterteilen:
- Methoden zur Herstellung von Bildern: bildnerisch praktische, technische Verfahren, Herstellungsverfahren für Bilder jeder Art, Methoden, die zum Bild hin führen (hierzu zählen auch Methoden der Präsentation).
- Methoden der Auseinandersetzung mit Bildern: Verfahren zum Einstieg ins Bild („erster Blick“/ „Perzeptbildung“), Bildanalysen, die zum Verstehen von Bildern führen.

Diese Methoden gehen von einem selbst hergestellten oder gegebenen Bild aus. (Vgl. besonders die im Verzeichnis der künstlerischen Techniken und Verfahren unter „Bilder erkunden und verstehen" aufgelisteten Methodenseiten.)
- Methoden der Recherche, des Sammelns und Ordnens von Bildern: Diese Methoden nehmen Bilder in ihren Kontexten wahr oder stellen Kontexte zu Bildern her. Sie führen zur Beurteilung von Bildern. (Vgl. insbesondere die Methodenseiten, die im Verzeichnis der künstlerischen Techniken und Verfahren aufgelistet sind unter „Bilder vergleichen" und „Bilder sammeln, ordnen und auslegen".)
- Methoden zur Organisation der gemeinsamen Arbeit (z. B. Planung eines Arbeitsprozesses für ein Gruppenbild).

Bildkompetenzen entwickeln: Im reflektierten Anschauen und Herstellen von Bildern sowie im Umgehen mit Bildern
In praktischen Phasen des Kunstunterrichts ist der Arbeitsaufwand oft so beanspruchend, dass den Schülern keine Zeit für die Reflexion der eigenen Tätigkeit bleibt. Soll der Kunstunterricht zur Entwicklung von Kompetenzen beitragen, darf es nicht beim bloßen Tun bleiben. Es hat sich bewährt, als Grundlage für eine Reflexion im Prozess, für die Beurteilung von Prozess und Produkt in den Arbeitsphasen Entwürfe, Planungen, Zwischenstände oder Problemberichte festzuhalten. Das kann der einfache *Skizzenblock* sein, in dem zu den Skizzen im Prozess ein paar Stichworte notiert werden. Über das Schuljahr hinweg ist das *Kunsttagebuch* eine weitere Möglichkeit. Hier können auch subjektive Empfindungen oder Bewertungen des Prozesses festgehalten werden. Solche Aufzeichnungen können mit den Produkten zusammen in der *Mappe* gesammelt werden. Für die abschließende Präsentation werden die Aufzeichnungen geordnet und abschließende Kommentare zu Prozess und Produkt für das *Portfolio* ergänzt. So können Voraussetzungen geschaffen werden, dass sich im Betrachten, Herstellen und Umgehen auch tatsächlich Bildkompetenzen entwickeln.

Aspekte für einen reflektierten Umgang mit Bildern im Kunstunterricht:

Bilder herstellen
- nachvollziehen, nachbilden
- imaginieren, erfinden
- Bilder bearbeiten
- bildnerische Verfahren anwenden
- bildnerische Mittel einsetzen
- Bilder in ihrer Herstellung begreifen

Bilder im Herstellungsprozess betrachten
- Bilder in ihrer Herstellung betrachten
- Bilder aus verschiedenen Perspektiven betrachten

Bilder im Herstellungsprozess beschreiben
- bildnerische Mittel beschreiben
- Bildelemente benennen
- Bildmaterial benennen
- Bildgegenstände bezeichnen
- Bildoberflächen beschreiben

Bilder im Herstellungsprozess bedeuten
- bedeutungsvoll gestalten
- Bildelemente bedeuten
- Bildelemente in ihrer Wechselwirkung bedeuten
- im Dialog mit dem Zwischenprodukt/Herstellungsprozess neu deuten

Bildherstellungsprozesse reflektieren
- Entstehungsprozesse von Bildern beschreiben
- das eigene Bild im Zusammenhang mit anderen betrachten
- andere Sichtweisen auf das eigene Bild annehmen

Hergestellte Bilder präsentieren und beurteilen

Die Übungen

Um gezielt zu gestalten, den Dingen gezielt eine Form zu geben, um gezielt mit bildnerischen Mitteln eine Aussage treffen zu können, muss man über eine Reihe von Verfahren zur bildnerischen Gestaltung verfügen. Es reicht nicht das Wissen über bildnerische Mittel, über die Eigenschaften von Werkzeug und Material. Man braucht solide und handwerkliche Praxiserfahrung. Es sind Fertigkeiten und Kenntnisse erforderlich. Damit Schüler am Ende ihrer Schulzeit über ein größeres Repertoire an Gestaltungs- und Ausdrucksmöglichkeiten verfügen, müssen sie erarbeitet und geübt werden.

Die Übungen im Methodenteil geben den Schülern Anleitung bis in die einzelnen Arbeitsschritte hinein. Das unterscheidet sie von den Aufgaben in den Thementeilen der Kapitel.

Es lassen sich im KUNST Arbeitsbuch 1 drei Übungstypen unterscheiden:
- **Einüben:** Es wird zu einem noch unbekannten oder wenig vertrauten Verfahren den Schülern ein Vorgang beschrieben, den sie Schritt für Schritt nachvollziehen können. Sie eignen sich die erforderlichen Handlungsschritte zunächst im Groben an. Je nach Struktur des zu erarbeitenden Verfahrens kann dies in einem vom Lehrer gelenkten Lehrgang geschehen oder in Arbeitsformen, die den Schülern eine selbstständige Erarbeitung des Verfahrens ermöglichen (Partnerarbeit, Gruppenarbeit, individuelle Arbeit an Stationen).
- **Trainieren:** Über kleine, oft spielerische Aufgaben werden die eingeübten Vorgänge wiederholt, Handlungsschritte werden ausdifferenziert und zur Routine ausgebildet. Erst dadurch – nicht durch handwerkliche und gestalterische Unbeholfenheit und „Spontanität" – bekommen Handlungen allmählich eine individuelle Note, einen „eigenen Stil".
- **Ausüben, Anwenden:** Bringen die Schüler das gelernte und beherrschte Können in die Bearbeitung einer größeren Aufgabe ein, dann üben sie erneut – wiederholend, ihre Erfahrungen überprüfend und weiter differenzierend.

Das Wissen

Das KUNST Arbeitsbuch 1 vermittelt Wissen. Es bringt dieses Wissen in eine überschaubare, memorierbare und anwendbare Form.
- In Hinsicht auf die Bildherstellung und das Bildverstehen handelt es sich um ein strukturiertes Handlungswissen.
- In Hinsicht auf die Vertrautheit mit Bildern und die Kunstgeschichte handelt es sich um ein einfaches, aber grundlegendes Orientierungswissen, einen kleinen Kanon schülergerechter und durch ihre Verschiedenheit einprägsamer Bilder.

Die grau unterlegten Felder im Thementeil enthalten Informationen und wissensorientierte Textblöcke: Hinweise zur Künstlerbiografie, zu den Bildkontexten und Bedeutungen, den Herstellungsverfahren usw. Im Methodenteil wird das Handlungswissen eher in Form von Anleitungen dargestellt und erklärt.

Das Bild- und Handlungswissen des Buches
- wird anhand der Aufgaben durch eigene aktive Verstehens- und Gestaltungsarbeit erworben, vertieft und durch persönliche praktische Erfahrung mit Leben gefüllt;
- es wird durch die Register und Schaubilder des Anhangs systematisch dargestellt und erschlossen (Verzeichnis der künstlerischen Techniken und Verfahren, Künstlerverzeichnis, Sachwortverzeichnis, Zeitleiste);
- es ist anschlussfähig an den KUNST Bildatlas, der den Kenntnishorizont erweitert und die Bezüge vertieft. Wird der Atlas als festes Bezugswerk einbezogen, vervielfältigen sich die Arbeitsmöglichkeiten und der Wissenshorizont des KUNST Arbeitsbuches 1 ungemein. Das zahlt sich in der aufbauenden Arbeit mit den folgenden Bänden aus.

Eine altersgemäße, bildhafte Vorstellung von der „Geschichte der Kunst" dargestellt in der Form einer Zeitleiste, befindet sich im Anhang des Buches. Er veranschaulicht nicht nur die Dimensionen der Zeiträume, sondern macht darüber hinaus auch die Grundeinteilung von „Abschnitten" sichtbar – vor allem auch durch die exemplarischen „Memo"-Bilder.
Mit diesem Zeitstrahl lässt sich didaktisch weiterarbeiten – etwa in gemeinsam erstellten Schaubildern. Desgleichen sind die Register des Buches in ihrer inneren Vernetzungsstruktur so angelegt, dass die Schüler damit aktiv arbeiten können – etwa zum Zweck der Vorbereitung kleiner Referate. So kann das KUNST Arbeitsbuch 1 auch als Nachschlagewerk und Buch für das Selbststudium genutzt werden.

Die gehören zu mir

Hauptaufgabe:
Modelliere eine kleine Plastik.

Didaktischer Sinn der Hauptaufgabe

„Ich und wir" ist fächerübergreifend eines der Themenfelder am Anfang der 5. Klasse. Die Schüler werden in der meist neu zusammengesetzten Lerngruppe aufgefordert, sich mit ihren persönlichen Vorlieben, Eigenschaften und Interessen in der Gruppe zu positionieren. Die Aufgabe hier für den Kunstunterricht greift einen emotionalen Aspekt an der Schnittstelle zwischen Individuum und Gruppe auf: die intensive Verbundenheit mit anderen, mit Tieren oder Personen, die dem jeweiligen Kind besonders wichtig und lieb sind. In dieser Lebensphase sind die Beziehungen zu einzelnen Personen oder auch Tieren den Kindern in vieler Hinsicht noch wichtiger, als die Positionierung im pluralen Beziehungsgeflecht der Gruppe der Gleichaltrigen. Mit der Darstellung einer ganz persönlichen Beziehung stellen sie zugleich ein wesentliches Moment von sich selbst vor.

Die Aufgabe geht von einer subjektiven Sicht auf die eigene Person aus und ist im Kern auf eine körperliche Darstellung der Intensität einer persönlichen Beziehung gerichtet. In Verbindung mit den darauf folgenden Kapiteln kann dies in den Zusammenhang der Selbstwahrnehmung in der Gruppe und der Wahrnehmung der anderen gestellt werden. Insbesondere die Aufgaben in Kapitel 2 (Wir feiern Feste) erweitern den Kontext in eine solche Richtung. Hinsichtlich der bildhaften Äußerung von Gefühlen und Stimmungen können die Aufgaben mit denen in Kapitel 4 (Das fühle ich) verbunden werden. Die Aufgaben in Kapitel 3 (Ich sehe mich) und 6 (Ich porträtiere andere) stehen ebenfalls in Verbindung mit der Aufgabe des ersten Kapitels, weisen aber in ihrem Entwicklungshorizont deutlich über den Horizont der ersten Aufgabe hinaus.
In der Geste des „In-den-Arm-nehmens" wird die Intensität und Emotionalität einer liebevollen Beziehung zu einem anderen Menschen, zu einem Tier – oder auch zu einem Gegenstand (etwa eines Stofftieres) – in ihrer Ambivalenz zum Ausdruck gebracht. In dieses Moment gehen zugleich ein: das Festhalten, das Umklammern des anderen, das Ihn-nicht-weglassen-wollen (Trennungsangst); das Umschließen, Beschützen, Behüten des anderen; das vorsichtige Berühren, körperliche Spüren, das Genießen des anderen (Zuneigung, Liebe). In der Standbildarbeit und daran anknüpfend in der Beschreibung von bildlichen Darstellungen derartiger Beziehungen wird dies nachvollziehbar. So wird eine intensive Gestaltungspraxis im plastischen Bereich vorbereitet.

Kernkompetenz: Figürliche Darstellungsfähigkeit
Ausgehend von der Standbildarbeit ist die ausdrucksstarke und prägnante Darstellung einer körperlichen Geste und einer intensiven Beziehungssituation zu entwickeln. Die proportionierte Darstellung des menschlichen Körpers, wenn sie nicht vorher erarbeitet wurde, tritt dabei in den Hintergrund. Im Mittelpunkt stehen die Erarbeitung der Darstellbarkeit des Beziehungsmoments und die Konzentration auf den prägnanten gestischen Körperausdruck. Die plastische Lösung der Aufgabe kann eine Grundlage für die eigentlich schwierigere grafische Lösung bilden.

Kernkompetenz: Körperlich-räumliche Darstellungsfähigkeit
Entsprechend den Entwicklungsgesetzen kindlicher Darstellungsfähigkeit werden figürliche plastische Formen spontan meist im Sinne additiver Schematismen ausformuliert, oft auch nur zweidimensional und flach. Eine Didaktik des plastischen Gestaltens in diesem Alter sollte immer auf die Betonung der Gesamtform achten (knetendes Formen aus einem Stück). Des Weiteren sollte die Problematik der aufrecht stehenden (oder sitzenden) Figur und die Allansichtigkeit des gestalterischen Zugriffs beachtet werden. Auch die räumliche Beweglichkeit und Richtungsverschiedenheit der Gliedmaßen sollte thematisiert werden.

[1] Kinder einer 5. Klasse stellen die Situation des Mädchens mit der Katze im Birkenwald in einem Standbild nach.

Weiterführende Literatur:
Christa Murken-Altrogge: Paula Modersohn-Becker. Leben und Werk. Köln 1980

Hinweise zum KUNST Bildatlas:
S. 37: David Hockney: Mr. und Mrs. Clark und Percy
- Was bringt das Bild über die Beziehung des Paares zur Katze zum Ausdruck?

S. 55: Edward Hopper: Nighthawks
- Was bringt das Bild über die Beziehung des Paares am Tresen zum Ausdruck?

S. 85: Oskar Kokoschka: Die Windsbraut
- Was bringt das Bild über die Beziehung des Paares zum Ausdruck?

S. 175: Matthias Grünewald: Isenheimer Altar, mittlere Tafel
- Was bringt das Bild über die Beziehung zwischen Mutter und Kind zum Ausdruck?

S. 201: Giotto di Bondone: Fresken der Arena-Kapelle, Beweinung Christi
- Was bringt das Bild über die Beziehung der Menschen zum Verstorbenen zum Ausdruck?

Vorschlag für eine Unterrichtseinheit
Gesamtumfang 5 Doppelstunden und Hausaufgaben

1. Doppelstunde: Einen ersten Eindruck vom Bild festhalten (kurze Betrachtung; das Bilddetail skizzieren, das besonders in Erinnerung bleibt; Bilddetailskizzen zum Gesamtbild zusammenlegen und über Bildelemente sprechen, die nicht gleich ins Auge fallen), Bild im Standbild nachbauen – insbesondere Mädchen mit Katze im Arm.
Hausaufgabe: Zum Bild schreiben, was vor oder nach der abgebildeten Situation geschah.

2. Doppelstunde: Standbildarbeit zu weiteren Gemälden, in denen Beziehungen dargestellt werden (s. hier S. 15 Randspalte) und zu Begriffen, die Beziehungen charakterisieren (S. 14/15). Das Spezifische in Gestik, Mimik, Emotion der Ausgangssituation beschreiben: „Das sie/er/es zu ihm gehört, sieht man daran, dass …"

3. Doppelstunde: Einführung in das Arbeiten mit Ton. Herstellen einer kleinen Tonfigur aus einem „Klumpen".

4./5. Doppelstunde: Tonfigur zum Thema „… gehört zu mir" formen.

6. Einzelstunde: Auswertung: Vergleich der unterschiedlichen Gesten, mit denen Zugehörigkeit zum Ausdruck gebracht wird.

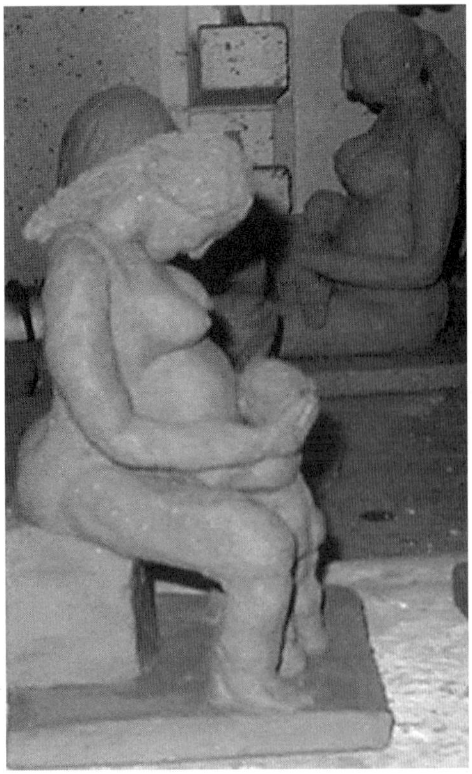

[2] Tonfiguren älterer Schüler (10. Klasse) zum Thema „Mutter und Kind". In der Betrachtung kunstgeschichtlicher Beispiele – etwa von romanischen Marienplastiken oder -bildern der Renaissance – kann das Repertoire von Gesten und Formbeziehungen studiert werden.

Erwartungshorizont und Tipps zur Durchführung der Hauptaufgabe

Die in der Hauptaufgabe thematisierte Beziehungssituation ist den Schülern sehr vertraut, sie können auf intensive eigene Erfahrungen zurückgreifen. Dennoch wird es ihnen zunächst schwer fallen, in Worten auszudrücken, wie sich zeigt, dass jemand oder etwas „zu mir“ gehört.

Voraussetzung für die bildnerisch-plastische oder gar grafische Lösung der Hauptaufgabe ist deshalb das schrittweise Nachvollziehen der körperlichen Gesten, die eine intensive emotionale Bindung an eine Person oder ein Tier zum Ausdruck bringen.

Dafür eignen sich
- das Nachvollziehen solch emotionaler Situationen in der Standbildarbeit. Lassen sich die Schüler darauf ein, spüren sie selbst unmittelbar den Zusammenhang zwischen Emotion und Geste. In der Differenz zur gestischen und mimischen Darstellung anders gearteter Beziehungssituationen (Begrüßung, Verabschiedung, Ablehnung, verstohlene Zuwendung) erfahren sie die Eigenheiten der Situation „... gehört zu mir“ noch einmal intensiver. Fehlen den Schülern Erfahrungen mit der Standbildarbeit, dann sind einführende Übungen erforderlich. Dafür eignet sich die Übersetzung eines Kunstwerkes in ein Standbild. (Regeln zur Standbildarbeit unbedingt beachten, s. S. 14.)
- das Beschreiben der Darstellung von Beziehungen zwischen Menschen oder Mensch und Tier in Bildern, insbesondere in Werken der bildenden Kunst. Hier eignet sich das Sammeln von Begriffen jeweils einer Wortartgruppe, mit denen sich die emotionale Geste beschreiben lässt (insbesondere Verben, Adjektive, Adverbien und Partizipien).

[3] Farbige Zeichnung eines siebenjährigen Kindes: Der Junge liegt am Strand mit seinem Hund. Der gehört zu ihm. In der Hand aber hält er das, was nach seiner Aussage vor allem zu ihm gehört: „Meine Seele.“

[4] Dieses Mädchen zeigt, dass ihre Mutter zu ihr gehört. Das „An-der-Hand-von-jemandem-gehen" ist eine typisch kindliche Ausdrucksform für „Ich gehöre zu dir".

[5] Sicher hält dieser Junge zu seinen beiden kleinen Brüdern, die er umarmt – aber noch mehr zu ihm gehören eben doch seine Markenschuhe.

[4]

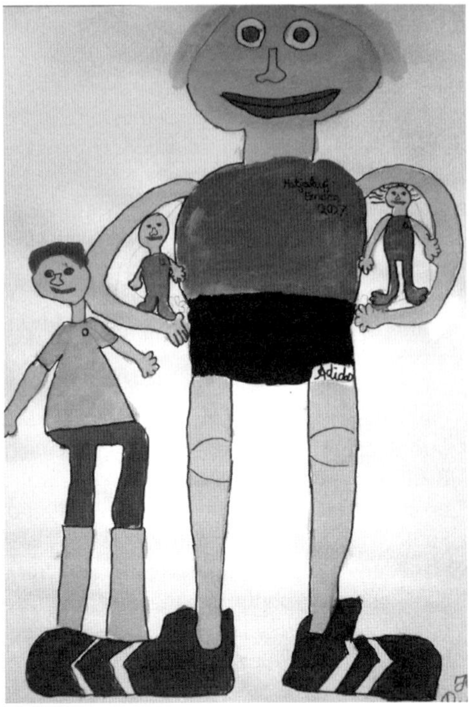

[5]

Bei der Bearbeitung der Hauptaufgabe selbst stellt das Modellieren der eigentlichen Geste des Berührens, Festhaltens, Umschließens die größte Schwierigkeit dar. Es hilft den Schülern, wenn sie während des Modellierens immer wieder selbst die darzustellende Geste nachvollziehen oder von Mitschülern nachvollziehen lassen.

Die grafische Lösung der Aufgabe kann alternativ zur plastischen durchgeführt werden (siehe Praxisbeispiele). Wenn genügend Spielraum für das Unterrichtsvorhaben gegeben ist, ist allerdings der Dreischritt am sinnvollsten: Die Situation im Standbild nachvollziehen und beschreiben, die Situation plastisch gestalten und auf der Grundlage dieser Erfahrungen in der Zeichnung auf der Fläche umsetzen. Insbesondere in der 5. Klasse sind die Schüler sonst leicht mit der grafisch-räumlichen Darstellung des Umfassens überfordert.

Zum Hauptbild

Biografische Hinweise
Das Werk der 1907 jung verstorbenen Malerin Modersohn-Becker (geb. 1876) ist von der weit verbreiteten Umbruchstimmung an der Wende zum 20. Jahrhundert geprägt. Nach Mal- und Zeichenstudien in London und Berlin ließ sie sich 1898 als Schülerin von Fritz Mackensen in der Künstlerkolonie Worpswede bei Bremen nieder. Dort lebte sie mit ihrem Mann, dem Landschaftsmaler Otto Modersohn. In ihrer Malerei verband sie die Naturnähe dieses Lebensraumes mit den künstlerischen Anregungen, die sie von mehreren Reisen nach Paris mitbrachte (Fauvismus, Kubismus). Ihre Malweise geht so über eine naturalistische Darstellung hinaus. Modersohn-Becker betonte die Ausdrucksseite der Malerei, wie sie einige Jahre später von den Expressionisten weiterentwickelt wurde. Gefühlvoll porträtierte die Künstlerin Personen ihres Freundeskreises. Die Menschen aus den Bauernfamilien ihrer Umgebung malte sie inmitten der stimmungsvollen Worpsweder Moorlandschaft.

Hinweise zum Werk
Das „Mädchen mit Katze im Birkenwald" von Paula Modersohn-Becker scheint eine Liebe auf das Tier zu übertragen, wie die Künstlerin sie selbst von der Mutter erfahren hat. Gestik und Mimik des Mädchens, aber auch die beobachtende Haltung der Personen im Hintergrund, werden für den Betrachter zum Ausgangspunkt eigener Erzählungen zum Bild. Die warmen, braunen Farben betonen die Naturverbundenheit des Kindes. Im Zusammenhang mit den anderen Kindern im Hintergrund und den gliedernden Baumstämmen entsteht ein ausgewogener Bildaufbau. Der Dichter Rainer Maria Rilke fasste bei einem seiner Besuche in der Künstlerkolonie Worpswede diese Harmonie in Worte: „(…) manchmal scheint der Mensch aus der Landschaft, ein anderes Mal die Landschaft aus dem Menschen hervorzugehen und dann haben sie sich ebenbürtig und geschwisterlich." Immer wieder wählte Modersohn-Becker Kinder als Motiv. Sie malte die Kinder aus ihrer Umgebung ohne moralische Bewertung. Für die Künstlerin stand die natürliche Wirkung des einfachen kindlichen Daseins im Vordergrund.
(Text s. KUNST Bildatlas, S. 102)

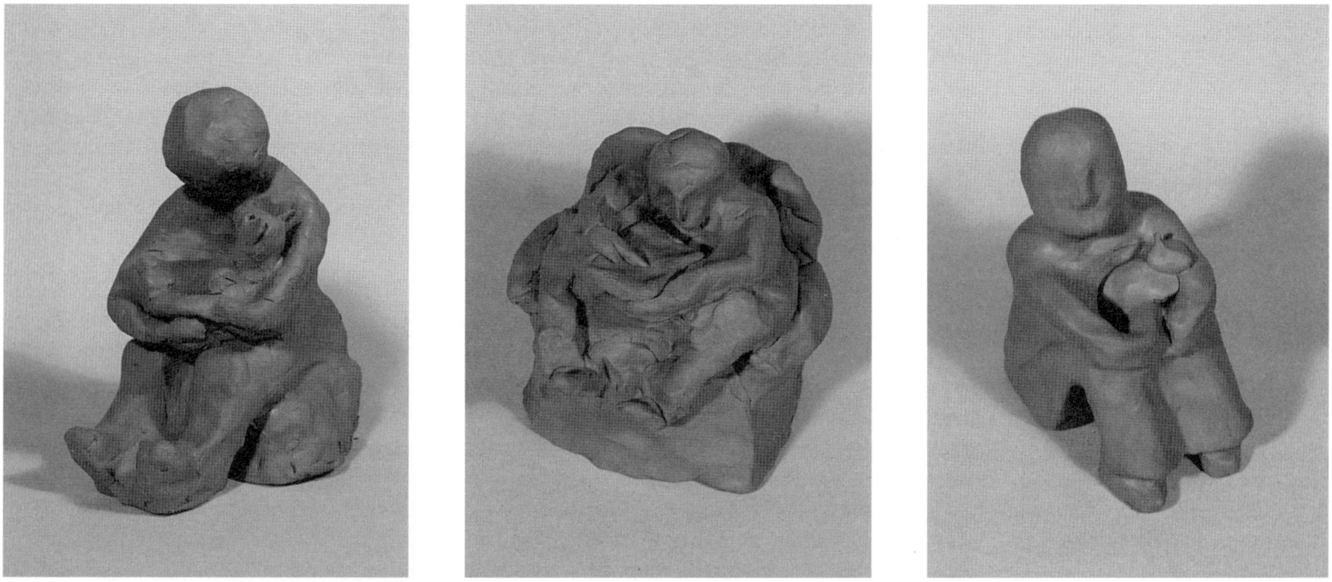

[6] Kleinformatige Tonplastiken aus einer 6. Klasse. Die Figuren links und rechts halten ihre Haustiere in den Armen, die mittlere Figur ihren Zeichenblock und einen Stift. Das Ausgangsmoment des umschließenden Haltens wurde intensiv erarbeitet und ist in schöner plastischer Differenziertheit und zugleich Geschlossenheit durchgeführt. Auch die Sitzpositionen sind differenziert dargestellt.

Wir feiern Feste

Hauptaufgabe:
Gestaltet ein Fest.

Didaktischer Sinn der Hauptaufgabe

Die Hauptaufgabe ist in Form eines umfangreichen Projektes konzipiert. Ziel der Hauptaufgabe ist es, den Begriff der Festlichkeit möglichst umfangreich, in seinen vielfältigen kulturellen, regionalen Bezügen und Wertevorstellungen zu präsentieren. Neben dieser inhaltlichen Zielsetzung richtet sich der Blick auf die gestaltbaren Momente, die mit der Ausrichtung eines Festes verbunden sind. Die Schüler müssen dazu den Ablauf eines Festes strukturell und organisatorisch durchdenken und in Gruppenarbeit eine zunächst fiktive Konzeption entwickeln. Einzelne Arbeitsfelder wie z. B. die Gestaltung von Einladungs- oder Menükarten, Tischdekorationen, Kleidung usw. können aus der umfangreichen Aufgabenstellung isoliert und als Einzelaufgaben gestellt werden. Letztlich tragen aber mehrere Gattungen zu einer festlichen Gesamterscheinung bei. Das Fest kann im Klassenzimmer aber auch im größeren Rahmen als Schulfest durchgeführt werden.

Kernkompetenz: Kommunikation und soziales Handeln
Die Ausrichtung eines Festes soll von den Schülern als Gemeinschaft stiftendes Ereignis und darüber hinaus, auch als generell sozial strukturierende Aufgabe erfahren werden. Wer etwas zu feiern hat, lädt gerne Gäste ein, macht sich Gedanken über die Wahl des Ortes, des Essens und Trinkens, der Tischdekorationen oder auch der passenden Kleidung usw. Die Ausrichtung eines Festes unterscheidet sich daher erheblich vom Spontanevent des jugendlichen „Partymachens". Feste sind häufig von Traditionen und ritualisierten Handlungen geprägt, die letztlich auch als künstlerisch ästhetische Ereignisse verstanden werden können. Diese müssen geplant, durchdacht und geformt werden. Dazu ist eine Abstimmung aller beteiligten Gruppen notwendig, einmal zwischen denen, die das Fest ausrichten, aber auch denjenigen, die als Gäste eingeladen sind.

Kernkompetenz: Organisation und Inszenierung
Die diversen Gattungen und Arbeitsfelder tragen zu einem gemeinsamen Erscheinungsbild bei: Dazu gehören die Gestaltung der Einladungskarte, die Malerei der Festdekoration, das Design der Tischdekoration, die Auswahl oder Gestaltung der Kostüme. Das Kapitel „Wir feiern Feste" stellt das Fest als performatives Gesamtereignis heraus, das ähnlich der Choreografie eines Theaterstücks abläuft. Die Vorbereitung eines Festes erfordert daher ein antizipierendes Vorstellungsvermögen und das Entwickeln einer Gesamtkonzeption. Sinnvoll ist es, das Fest unter ein Motto zu stellen, an dem die einzelnen Arbeitsfelder sich orientieren. Die Erfahrung zeigt, dass gerade kreative Prozesse, verbunden mit einem selbstständigen Durchdenken der Aufgaben, durch eine gemeinsame inhaltliche Ausrichtung gefördert werden können.

Vorschlag für eine Unterrichtseinheit
Gesamtumfang 5 Doppelstunden und Hausaufgaben

1. Doppelstunde:
a) Bildbetrachtung und Vergleich: Bruegel und Fritsch, verbunden mit zeichnerischen Analysen
b) Sammeln von Adjektiven zu den Bildern, abschließend Besprechung und Ergebnissicherung
Hausaufgabe: Plakatentwurf, Zuammenfassen der Ergebnisse, Sammeln von Informationen und Bildern zu Festen

2. Doppelstunde:
a) Bilder zu Festen auslegen und vergleichen, Ordnungen herstellen, Rituale beschreiben
b) Anlässe zu Festen erfinden, in Kleingruppen auf ein gemeinsames Motto einigen, die Aufgabenverteilung innerhalb der Gruppe vornehmen
Hausaufgabe: Recherche zu dem gewählten Thema

3. Doppelstunde:
Arbeit in Kleingruppen zu dem gewählten Thema: Kostümentwürfe, Menüfolge und Speisekarte, Entwürfe für Festdekorationen usw.
Hausaufgabe: Weitere Recherche zu dem Thema, evtl. Weiterarbeit einzelner Entwürfe

4. Doppelstunde:
a) Fertigstellen der Entwürfe
b) Zusammenfassen der Ergebnisse auf Schautafeln

5. Doppelstunde:
a) Präsentation der Ergebnisse in Kurzreferaten
b) Auswahl eines Ergebnisses im Hinblick auf Realisierung im Rahmen eines Schulfestes

Weiterführende Literatur:
- KUNST+UNTERRICHT, 149/1991: Essen und Trinken
- KUNST+UNTERRICHT, 198/1995: Feste und Feiern
- Meisterwerke der Kunst. Landesinstitut für Erziehung und Unterricht Stuttgart, Nr. 52: Thema Essen und Trinken

[1] Ein Fest – verstanden als Gemeinschaft stiftende ästhetische Aufgabe. Hier unter dem Motto „Mittelalter".

[2] Ein Fest – verstanden als Gemeinschaft stiftende ästhetische Aufgabe. Hier unter dem Motto „Mittelalter".

Erwartungshorizont und Tipps zur Durchführung der Aufgaben

Vorbereitung und Durchführung der Hauptaufgabe
Zur Hauptaufgabe wird über den Einstieg einer Bildbetrachtung bzw. eines Bildvergleichs – Pieter Bruegel d. Ä., Bauernhochzeit und Katharina Fritsch, Tischgesellschaft – hingeführt. Wesentliche inhaltliche Aspekte einer Festkultur bzw. Festgestaltung können hier bereits erarbeitet werden. Detailzeichnungen als mögliche Annäherungsform sollten wiederholt gefordert werden.

Die Hauptaufgabe wird zunächst projektiv in Kleingruppen durch das Erarbeiten einer passenden Konzeption gelöst. Die Schüler entwickeln Ideen zu einem Motto ihrer Wahl und überlegen, welche Arbeitsfelder – von der Festdekoration bis zur Menüfolge – zu gestalten wären. Die Ergebnisse werden anschließend in der Klasse präsentiert. Das Fest kann dann in einem zweiten Schritt zu einer passenden Gelegenheit, z. B. gegen Ende des Schuljahres, realisiert werden.

[3] Detailzeichnungen eines Schülers, 5. Klasse, zu Bruegels „Bauernhochzeit"

Volksfeste und Traditionen, Bilder von Festen vergleichen und ordnen (S. 22–24)
Entscheidendes didaktisches Element bei der Erarbeitung der Thematik „Feste und Feiern" ist der in der Aufgabenstellung 3 (S. 23) und 1 (S. 24) vorgesehene Bildvergleich. Methodisch im Mittelpunkt steht das Anlegen von Bildersammlungen zu diesem Themenkomplex, das eigenständig entdeckende Überlegungen zur Thematik eröffnen dürfte. Hinzu kommen reflektierende lebensweltliche Bezüge, die an festlichen Ereignissen im unmittelbaren soziokulturellen Umfeld der Schüler anknüpfen. In diesem Zusammenhang sollte der traditionelle und kulturelle Hintergrund, der häufig religiösen oder geschichtlichen Ursprungs ist, mitbedacht werden (s. Aufgabe 1, S. 22). Die erweiternde Kontextualisierung der Aufgabenstellung ist ein entscheidendes Moment, die Gesamtbedeutung der Thematik für das Zusammenleben der Menschen herauszustellen.

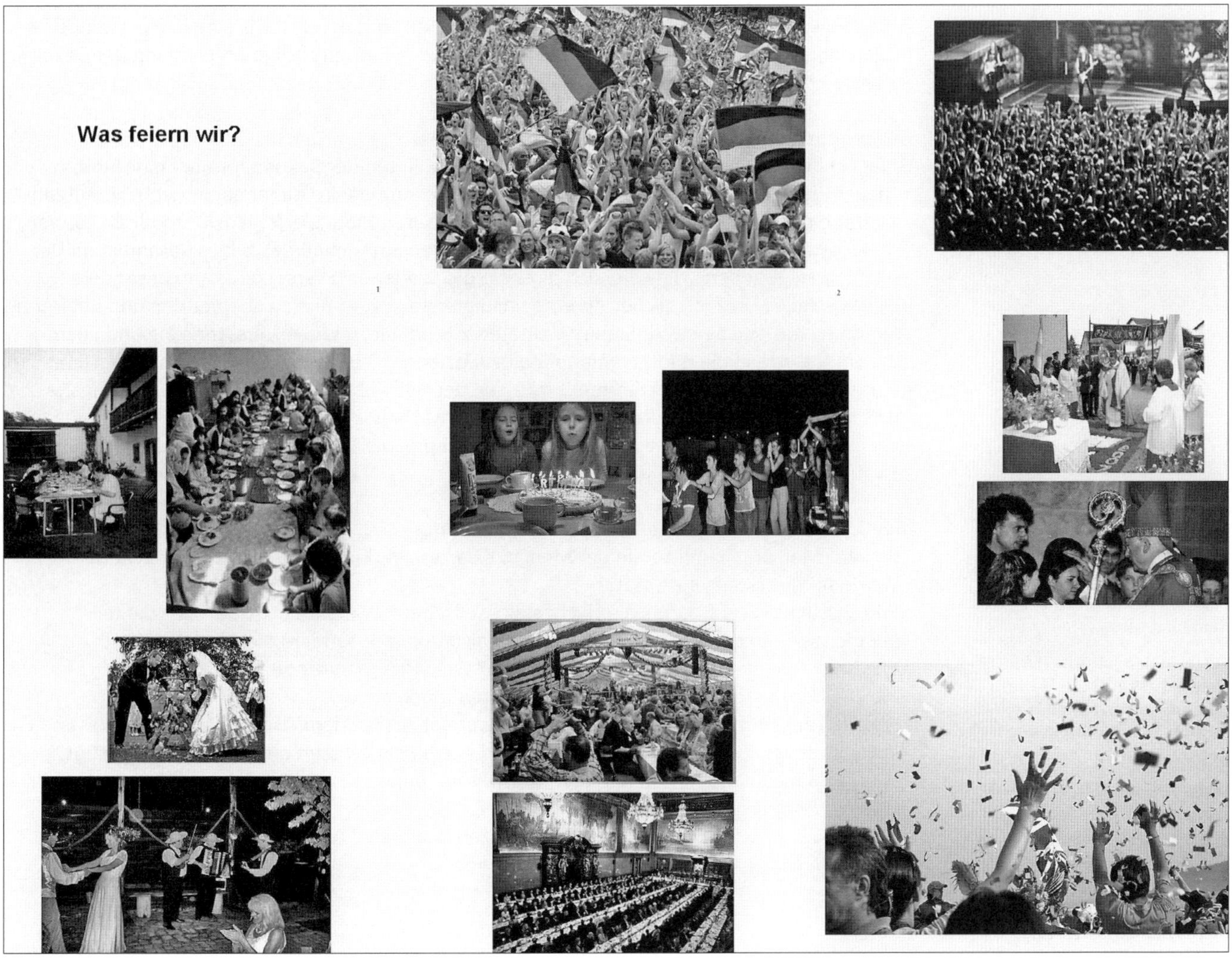

[4] Schautafel mit Bildern zu festlichen Ereignissen

Eine Festtafel malen (Übung 1, S. 27)
Die Aufgabe „Eine Festtafel malen" greift einen Teilaspekt aus dem umfangreichen Projekt „Eigene Feste und Feiern inszenieren" heraus. Thematisiert werden vor allem der festlich gedeckte Tisch einschließlich der dazugehörigen Dekorelemente. Die Aufgabenstellung ist als Gemeinschaftsarbeit konzipiert.

In der Malaufgabe „Festtafel" gestaltet jeder Schüler seine eigene Lieblingsspeise. Malvorlagen aus Fachzeitschriften und Kochbüchern können dabei der Orientierung dienen. Eine knappe Bleistiftvorzeichnung ist zu empfehlen. Am besten eignen sich Wasser- oder Acrylfarben, da sich die Farbtöne entsprechend der Speisefarben differenzieren lassen. Besonderes Gewicht sollte auf die Verwendung zahlreicher Dekorbestandteile gelegt werden, z. B. Tellerrand oder Verzierung der Speisen. Auch die Tellerformen können von der üblichen Rundform abweichen. Anschließend werden die Teller ausgeschnitten und auf eine große Papierbahn oder eine im Handel erhältliche Papiertischdecke geklebt. Von der Verwendung vorgefertigter Pappteller ist abzuraten, da evtl. die Farbe nicht gut genug haftet und bedingt durch Tellerform bzw. -größe eher gleichförmige Arbeitsergebnisse zu erwarten sind. Die Abbildung von Benvenuto Cellinis Salzfass (S. 26) könnte zur weiteren Anregung dienen und den Erfindungsreichtum hinsichtlich rein dekorativer, ohne ersichtlichen Verwendungszweck vorhandener Tafelaufsätze noch steigern.

Die Arbeitszeit für die Darstellung der Lieblingsspeise wird mindestens eine Doppelstunde betragen, hinzu kommen noch zusätzliche Stunden für die arbeitsteilige Anfertigung der Dekoraufsätze und das Aufkleben aller Elemente.

Bilder betrachten und beschreiben (Aufgabe 2, S. 22)
Bruegels Bild bietet für Schüler der ersten beiden Klassen der Sekundarstufe I eine Fülle beobachtbarer Details. Der Einstieg in die Bildbetrachtung wird daher auch durch die Aufzählung der einzelnen und auf den ersten Blick erfassbaren Motive erfolgen. Methodisch können Schüler sich so Schritt für Schritt an den eigentlichen Sinngehalt des Bildes herantasten. Der in Aufgabe 2 gegebene Hinweis, sich direkt in die Szenerie zu versetzen, kann besonders für jüngere Schüler ein zusätzlicher Anreiz sein, die Distanz zum Bild zu überwinden und über den Sehsinn hinaus auch weitere Sinnesqualitäten z. B. taktile, auditive, olfaktorische und gustorische Sinnesreize in die Bildrezeption miteinzubeziehen. Die Schüler verfügen in dieser Jahrgangsstufe bereits über bestimmte Strategien der Bildwahrnehmung, die sie erfahrungsgemäß nur so lange an das Bild binden, bis der Sachverhalt ihnen als subjektiv klar erscheint. Mit einem veränderten Rezeptionsverhalten kann ggf. die Bereitschaft, das Bild eingehender zu betrachten, verlängert werden.

Mögliche Fragestellungen zur Hauptbildbetrachtung
- Stelle dir vor, du bist mitten in der Menge. Was kannst du hören, schmecken, riechen?
- Wo findet das Geschehen statt?
- Wie charakterisiert Bruegel die Hochzeitsgesellschaft? Wie unterscheiden sich die teilnehmenden Gäste? Welche Gäste zeichnen sich durch besondere Kleidung aus? Wie unterscheiden sich Männer und Frauen? Welche Altersgruppen sind vertreten?
- Welche Berufe oder Stände sind an der Kleidung erkennbar?
- Welche Tätigkeiten schildert Bruegel? Wer wendet sich seinem Tischnachbarn zu? Wer ist lediglich stiller, genießender Teilnehmer und gänzlich mit Essen und Trinken beschäftigt?
- Welche Möbel, Vorrichtungen, Hilfsmittel werden benutzt?
- Was wird zum Essen und Trinken angeboten?
- Welche Geräte und welches Geschirr benutzen die Gäste? Aus welchem Material besteht es?

Mögliche Lösungen

Religiöse Feste:
Weihnachten, Ostern, Erntedankfest, Jom Kippur, Fest des Fastenbrechens, Ramadan usw.

Feste zu den Jahreszeiten:
Fastnacht/Karneval, Maitanz, Sommerfest, Stadtteilfest, Straßenfest, Thanksgiving, Geburtstag usw.

Feste zu besonderen Ereignissen:
Sportfest, Feuerwehrfest, Taufe, Firmung, Konfirmation, die gute Note in der Schule, die erfolgreiche Anglertour, Abschiedsfest, Richtfest, Einweihungsfest, Vernissage oder Finissage einer Kunstausstellung

Benennbare Motivdetails im Hauptbild
- Kleidung der Festteilnehmer (Kopfbedeckungen, Hemden, Hosen, Schuhe usw.)
- Geräte, Geschirr, Materialien
- die agierenden Personen, Tätigkeiten
- Mimik, Gestik, Körperhaltung
- Raumsituation
- die Farben

Bilder vergleichen (Aufgabe 3, S. 23)
Durch einen Bildvergleich mit Katharina Fritschs „Tischgesellschaft" wird die festliche Stimmung bei Bruegel erst richtig deutlich. Im Gegensatz zur „Bauernhochzeit" geht von den Herren bei Fritsch eine fast unheimliche Wirkung aus. 32 Männer sitzen an einem langen Tisch. Kleidung und Haare sind in tiefem Schwarz, kontrastreich heben sich die Gesichter und Hände in einem ungebrochenen Weiß davon ab. Die Sitzbank und der Tisch sind grau gestrichen. Lediglich die rot-weiß gemusterte Tischdecke schafft einen farbigen Akzent. Die Figuren starren steif vor sich hin, keiner wendet sich dem Nachbarn zu. Alle haben korrekt in gleicher Haltung die Hände auf den Tisch gelegt. Beine und Arme sind rechtwinklig abgeknickt.
In der Szene herrscht offensichtlich Sprechverbot. Die Situation entspricht in keiner Weise der Vorstellung einer Festlichkeit oder fröhlich ausgelassenen Tischgesellschaft. Die Uniformierung der Kleidung, die Gleichförmigkeit der Sitzhaltung und Mimik erinnern an die „Grauen Herrn" in Michael Endes Kinderroman „Momo", an ein Gefängnis oder die düster unwirtliche Zukunftsvision in einem Science-Fiction-Film.

Mögliche Adjektivsammlung zum Bildvergleich
Fritsch: geordnet, geometrisch, aufgereiht, spiegelbildlich, stilisiert, vereinfacht, gleichförmig, präzise, unpersönlich, distanziert, lautlos, starr, bewegungslos, künstlich, blank, faltenlos, poliert, lackiert
Bruegel: heiter, fröhlich, duftend nach Heu, Bier und Speisen, geräuschvoll, lärmend, tönend, klingend, farbig, naturnah, rau

Zum Hauptbild

Biografische Hinweise

Der Maler Pieter Bruegel d. Ä. wurde vermutlich 1525 in dem niederländischen Städtchen Breda geboren. Er war Mitglied der Malergilde in Antwerpen und häufig auf Reisen, z. B. in Süditalien und Frankreich. 1555 kehrte er nach Antwerpen zurück und ließ sich schließlich in Brüssel nieder. Bruegel war eigentlich Städter. Seine Vorliebe aber für das Ländliche und das Leben der Bauern führte ihn häufig in die nähere Umgebung von Brüssel. Dort entstanden viele Zeichnungen und Gemälde, was ihm den Titel „Bauern-Bruegel" einbrachte. In einer Künstlerbiografie von 1604 über deutsche und niederländische Maler berichtete der Verfasser Carel von Mander (1548–1606), dass Pieter Bruegel mit einem Kaufmann namens Hans Franckert befreundet war und beide häufig aufs Land zu den Bauern hinausgingen, vor allem dann, wenn Kirmes war oder Hochzeiten stattfanden. Um nicht weiter aufzufallen, erschienen die beiden dann in bäuerlicher Tracht, brachten Geschenke mit oder behaupteten sogar, sie gehören zur Verwandtschaft der Braut oder des Bräutigams. Zu dem Künstler Bruegel führte der Biograf weiter aus: „ Hier machte es Bruegel großes Vergnügen, die Art des Bauern im Essen, Trinken, Tanzen, Springen, Feiern und anderen spaßhaften Dingen zu beobachten, lauter Momente, die er sehr hübsch und komisch mit Farbe wiederzugeben verstand und zwar sowohl mit Wasser- wie mit Ölfarbe; denn mit beiden wusste er sehr gut umzugehen." (Carel v. Mander: Het Schilder-Boeck, 1604)

Beschreibung des Hauptbildes

Heute ist ein besonderes Ereignis. Die Dorfgemeinschaft freut sich auf das bevorstehende Hochzeitsfest. Schon Tage vorher wurde der Festplatz herausgeputzt. Die Tenne in der Scheune ist mittlerweile frei geräumt und die Hochzeitstafel aufgestellt. An anderen Tagen ist sie gefüllt mit Arbeitsgeräten, diese sind nun beiseite geschafft. Der Maler Pieter Bruegel zeigt uns das festliche Mahl, es ist bereits in vollem Gange. An einer langen Tafel sitzen die Menschen, essen und trinken zusammen, wenden sich ihrem Tischnachbarn zu, unterhalten sich, die meisten scheinen das angebotene Essen zu genießen. Unentwegt sorgen einige Helfer dafür, dass wieder volle Teller und gefüllte Krüge auf den Tisch kommen. Weitere Hochzeitsgäste drängen in die Scheune und wollen ebenfalls an dem besonderen Ereignis teilhaben.

Auf einer ausgehängten Holztür tragen zwei Männer, vermutlich mit einer Milch- oder Breispeise gefüllte Teller heran, die von einem der Gäste weitergereicht werden, während am linken Bildrand ein Helfer das Hochzeitsbier in kleinere Krüge umfüllt. Zwei Dudelsackpfeifer sorgen für Unterhaltung.

Am Boden im Vordergrund sitzt ein Kind mit einer roten Kappe und einer aufgesteckten Pfauenfeder. Das Kind leckt sich gerade genüsslich die Finger. In der anderen Hand hält es einen bereits leer gegessenen Teller; auf seinem Schoß liegt ein Stück Brot. In dem Treiben der Festgesellschaft scheint das Kind ganz in seine Mahlzeit versunken zu sein und strahlt Zufriedenheit aus.

Nicht nur das Kind, auch die anderen Hochzeitsgäste werden direkt beim Essen und Trinken gezeigt und führen ihren Löffel an den Mund oder setzen gerade den Krug zum Trinken an. Ganz im Gegensatz zu den Darstellungskonventionen seiner Zeit, hatte Bruegel offensichtlich keinerlei Scheu, solcher Art elementare Tätigkeiten in seinem Bild zur Darstellung zu bringen. Üblich war dagegen eine Schilderung wie etwa in Paolo Veroneses Bild „Die Hochzeit zu Kana" von 1562/63 (vgl. KUNST Bildatlas S. 176). Die Menschen sitzen vor ihren Tellern plaudernd am Tisch, führen aber keinen Bissen zum Mund. Die Teilnahme am festlichen Geschehen wird allein durch ihre Anwesenheit bekundet. In Bruegels Bild erhält die Bezugnahme zur Nahrungsquelle und -aufnahme eine unmittelbarere Thematisierung.

Der Schauplatz des Festes ist nach hinten begrenzt durch eine Reihe aufgeschichteter Strohbündel. An einer Stelle ist ein grünes Tuch befestigt, um die zufrieden lächelnde Braut hervorzuheben. Mit gefalteten Händen sitzt sie ruhig und scheinbar unbeweglich da. Der Bräutigam

Weiterführende Literatur:
- **Zahlten, Johannes: Pieter Bruegel d. Ä., Bauernhochzeit, um 1568. In: Meisterwerke der Kunst, Folge 52/2004, Thema „Essen und Trinken", Villingen 2004, S. 6**
- **Thomas, Karin/Seydel, Fritz/Sowa, Hubert: KUNST Bildatlas. Stuttgart, Velber 2007**

ist nicht ohne Weiteres zu bestimmen. Er wird wohl erst am Abend erscheinen. Ein Haarreif und eine Art Papierkrone kennzeichnen die Braut als Hauptperson. Die Braut durfte am Tag ihrer Hochzeit keinen Finger rühren und sollte einmal im Leben ausruhen. Ein flämisches Sprichwort sagt „Er ist mit der Braut gekommen", von jemandem, der sich vor der Arbeit drückt.

„Rechts neben der Braut erblickt man eine ältere Frau, wohl ihre Mutter, und in hohem Lehnstuhl, mit Barett und pelzbesetzter Robe, den Notar, der den Ehekontrakt ausfertigt. Neben ihm ist eine Franziskanermönch mit dem adeligen Gutsherrn ins Gespräch vertieft, dessen Hund unter dem Tisch hervorlugt.
Gedeckt ist die Hochzeitstafel mit einem weißen Leinentuch. Als Geschirr dienen flache Tonteller oder -schüsseln, in denen die Speisen aufgetragen werden. Holzteller benutzte man zum Zerteilen von Brot und Fleisch, Zinnteller ebenfalls zum Servieren. An Stelle von Gläsern werden bei dem bäuerlichen Fest für die Getränke Tonkrüge verschiedener Größe und Form verwendet, wie auch der Korb voller Bierkrüge im Vordergrund zeigt. Ein verziertes, metallenes Salzfässchen steht auf der Tafel. Zum Zerteilen der Speisen diente das Messer, Gabeln waren im Spätmittelalter als Essgeräte noch unbekannt. Die Messer hatten im Griff meist ein Loch, damit man sie mit einem Lederriemen an der Hülle oder am Gürtel befestigen und so immer bei sich tragen konnte. Zum Essen von Brei, Mus oder Suppen benutzte man Löffel aus Holz oder Metall. Bettler und Tagelöhner trugen sie oft am Hut, um sie griffbereit zu haben (...) Viele Speisen aß man mit den Fingern; dies gilt nicht nur für die Kinder, wie dargestellt, sondern auch für Erwachsene. Wie man sieht, bot der mittelalterliche, bäuerliche Tisch nicht eine so große Variationsbreite an Geschirr und Besteck, die man heute gewohnt ist."
(Zahlten, S. 6)

Ich sehe mich

Hauptaufgabe:
Male dich selbst.

Didaktischer Sinn der Hauptaufgabe

Die Hauptaufgabe lenkt den Blick des Schülers auf sich selbst – er zeigt sich. Er soll sich zunächst wahrnehmen, beobachten, mit sich selbst auseinandersetzen. Für die Bildidee spielt es eine Rolle, welcher Raum im Hintergrund zu sehen ist und welche anderen Personen oder Tiere mit abgebildet sind. Auch der Perspektivwechsel ist wichtig: Der Schüler soll berücksichtigen, wie er von anderen gesehen und wahrgenommen wird bzw. werden möchte.
Die Darstellung der eigenen Person im Umraum erfolgt mit den Mitteln der Malerei. Vorangestellt sind malerische Übungen, in denen die Eigenschaften und Wirkungen von Farben erkundet und erschlossen werden – die gemachten Erfahrungen werden dann in der eigenen Bildgestaltung unmittelbar angewandt.
Besonders in dieser Altersgruppe geben die Schüler unvermittelt und gerne über sich Auskunft. Bei neu zusammengesetzten Lerngruppen der 5. Klasse können die Schüler über ihre Gestaltungsarbeiten mehr voneinander erfahren und sich besser kennen lernen.

Kernkompetenz: Selbst- und Fremdwahrnehmungsfähigkeit
Es geht um beide Perspektiven: die Selbst- wie die Fremdwahrnehmung. Beide Perspektiven beeinflussen sich. Auf der Grundlage der Selbstwahrnehmung nimmt man andere wahr, ebenso beeinflusst die Wahrnehmung anderer Menschen auch den Blick auf die eigene Person. Um sich in einen anderen Menschen hineinzuversetzen, bedarf es der Empathie und des Respektes vor der Individualität und Andersartigkeit des anderen. Vor diesem Hintergrund gelingt es, sich selbst als Individuum wahrzunehmen, zu zeigen und dies im Vergleich mit anderen zu tun. Das Thema Veränderung, gebunden an die körperliche Entwicklung, wird über das Reflektieren von Körpergesten und Maskenspiel vertieft. Die Aufgaben eröffnen Erfahrungs- und Handlungsräume, in denen der Schüler sich selbst begegnet und erkundet bzw. einem Mitschüler begegnet und ihn erkundet. Die konstruktive Methode der Befragung der eigenen Person erfolgt sowohl über die Praxis (Masken, Gestik und Körperhaltung) als auch über die Theorie, das Betrachten der Bilder (Dijkstra, von Uhde). Beide Zugangsweisen ermöglichen je unterschiedliche Umgangsformen mit der Selbst- und Fremdwahrnehmung.

Kernkompetenz: Fähigkeit zur Selbstdarstellung mit bildnerischen Mitteln
Sich selbst als Person darzustellen – mit dem Körper oder in bildlicher Form – erfordert die Bereitschaft, persönliche Empfindungen und Selbstwahrnehmungen überhaupt nach außen zu kehren und in Bild und Gespräch zu thematisieren. Sich selbst darzustellen heißt einerseits: sich selbst anzunehmen. Es heißt aber auch: zur Selbstdistanzierung bereit und fähig zu sein. Dies in Unbefangenheit und Ehrlichkeit, aber auch mit Humor und Ausdruckswillen zu wagen, ist ein wichtiges Ziel in dieser Altersstufe. Bilder von sich zu zeigen heißt zugleich, sich dem Gespräch und der Diskussion zu stellen.

Vorschlag für eine Unterrichtseinheit
Gesamtumfang 7 Doppelstunden und Hausaufgaben

1. Doppelstunde:
- Auftakt Fotoserie Almerisa 1994–2005 (S. 33)
- Einführung in das Thema „Ich verändere mich"
- fotografische Methode erkunden
- Steckbrief zu Almerisa entwerfen (S. 34)

Hausaufgabe: Sammeln von eigenen Porträts; Entwerfen und Gestalten einer fotografischen Porträtserie (S. 34)

2. Doppelstunde:
- Gestik und Körperhaltungen erproben (S. 40)
- Impuls: Plastik von Ron Mueck (S. 35)
- Experimente mit dem eigenen Spiegelbild
- Präsentation der Selbstinszenierungen in der Gruppe

3. Doppelstunde:
- Mimik beobachten und zeigen (S. 38)
- Gestalten einer Mimikmaske (S. 39)
- mit Masken spielen – evtl. auch: Anfertigen von Masken (Exkurs bei weiterem Stundenbedarf: Anfertigen von Masken aus Pappmaché [S. 41] und inszeniertes Spielen nach einem Drehbuch)

4. + 5. Doppelstunde:
- Impuls: Gemälde Fritz von Uhde (S. 37)
- Beschreibung des Bildes, Untersuchung der Malweise
- Beginn der Hauptaufgabe: „Male dich selbst" (S. 37) durch Übungen mit Farbe und Experimenten mit der Malweise
- die Maltechnik des Künstlers nachvollziehen: Bildausschnitte malerisch nachempfinden (S. 43)

Hausaufgabe: Selbstporträträtsel malen (S. 43)

6. Doppelstunde:
- Selbstporträträtsel lösen
- Hauptaufgabe: „Male dich selbst" (S. 37)

Hausaufgabe: Fortsetzen der Malarbeit mit Zwischenbesprechungen

7. Doppelstunde:
- Fertigstellen der Malarbeit und Präsentation der Ergebnisse
- Reflexionen zur Unterrichtseinheit

Variationen der Abfolge der Bausteine: Tausch der 2. und 3. Doppelstunde mit der 4. und 5. Doppelstunde.

Weiterführende Literatur:
KUNST+UNTERRICHT: Selbstbegegnung im Bild 245/2000, Porträtieren 317 und 318/2007

Bezüge zu anderen Kapiteln des KUNST Arbeitsbuches 1:
- **Kapitel 1: Gestik, Mimik, Körpersprache: Das Standbild (S. 14 f.)**
- **Kapitel 4: Farben auftragen (S. 54)**
- **Kapitel 5: Mit Deckfarben kolorieren (S. 69)**
- **Kapitel 6: Porträts zeichnen (S. 76 f.), Porträts fotografieren (S. 80 f.)**
- **Kapitel 10: Dinge und Ereignisse fotografieren (S. 128 f.)**
- **Kapitel 12: Schattenspiel (S. 150 f.)**

Hinweise zum KUNST Bildatlas:
- **Max Beckmann: Selbstbildnis mit Horn, 1938, S. 61**
- **Oskar Kokoschka: Die Windsbraut, S. 85**
- **Wassily Kandinsky: Improvisation 12 (Reiter), S. 97**
- **Paula Modersohn-Becker: Mädchen mit Katze im Birkenwald, S. 103 und KUNST Arbeitsbuch 1, S. 9**
- **Paul Cézanne: Die großen Badenden, S. 107**

Erwartungshorizont und Tipps zur Durchführung der Aufgaben

Gespräch über das Auftaktbild „Almerisa 1994–2005" (S. 33)
Die Porträts von Almerisa werden langsam nacheinander als stiller Impuls projiziert und die ersten Eindrücke festgehalten. Unmittelbare Aussagen zu der Serie werden aufgegriffen und anschließend wird die gesamte Porträtserie betrachtet. Im Vergleich der Fotografien werden Veränderungen deutlich. Diese werden notiert und mit den Ergebnissen des Mitschülers verglichen. Es ist zu erwarten, dass in diesem Moment Schüler eigene Beobachtungen oder Wahrnehmungen in der Entwicklung von Jugendlichen beschreiben.

Die Annäherung an Almerisa kann in einen Steckbrief auf der Basis von vergleichender Betrachtung der Fotografien münden, der dann präsentiert und zur Diskussion gestellt werden kann. Über Almerisas biografischen Hintergrund wird im Vergleich zu den eher fiktiven Steckbriefen abschließend informiert.

Die Fotoserie eröffnet zugleich die Möglichkeit, Dijkstras fotografische Methode zu untersuchen und wesentliche fotografische Gestaltungsmittel einzuführen sowie die Plattenkamera zu erläutern. (Vgl. Übersicht über Gestaltungsentscheidungen bei der Porträtdarstellung S. 36)

Aufgabe zum Bild: Anfertigen einer Fotoserie (Hausaufgabe)
Zusammenstellen von eigenen Fotografien als chronologische Fotoserie. Es kann ein zusätzliches (gemaltes, gezeichnetes, fotografiertes) Bild in die Fotoreihe eingefügt werden, das den Schüler einige Jahren später zeigt.

[1] Beispiele aus verschiedenen Klassen (5, 6, 7) zur umgesetzten Hauptaufgabe.

Weiterführende Betrachtung: Ron Mueck, Crouching Boy in Mirror, 1999/2000 (S. 35)
Der Bildhauer Ron Mueck (geb. 1958 in Melbourne) zeigt eine künstliche Figur (aus Fiberglasharz), die verblüffend echt wirkt. Mueck spielt mit Größendifferenzen. Die Figur ist 43 cm hoch, das ist nicht höher als die Sitzfläche eines Stuhls.

- Das Bild wird gezeigt, es werden erste Eindrücke gesammelt und an der Tafel vermerkt.
- Diskutiert werden kann die Frage, ob sich der Junge nur selbst beobachtet oder ob er beobachtet wird; Transfer auf „Almerisa".
- Praktische Aufgabe zum Bild: Sich selbst vor einem Spiegel gestisch oder mimisch zeigen oder sich durch Verkleidung verändern, evtl. als Fotografien oder Video festhalten.

Zur Verwendung der Doppelseite „Mit Mimik spielen" (S. 38 f.)
Es werden der Umgang mit Mimik und die Erstellung von Mimik-Masken eingeführt.
- Indem die eigene Mimik und die eines Partners spielerisch erkundet wird, erkennen die Schüler, dass am Minenspiel u. a. Augen, Augenbrauen, Mund und Nase beteiligt sind.
- Die Abbildungen helfen dabei, die mimischen Möglichkeiten zu erkennen und zu benennen.
- Die mimische Umsetzung der Begriffe wütend, traurig, ungläubig u.a. (in Partnerarbeit) erfordert den gezielten Einsatz von Mimik.

Technische Tipps zur Herstellung der einfachen Mimikmaske ([2])
Zeichenkarton verwenden und Papier mit beiden Händen gerade halten, dabei soll der Karton die Nase berühren. Der Partner zeichnet an den Kanten des Kartons nun die Konturpunkte des Gesichts ein (z. B. linke und rechte Wange, Kinn). Der Karton soll nicht gebogen sein. Gesicht konturieren, Mimik einzeichnen. Bei Einzelarbeit empfiehlt es sich, genau in den Spiegel zu schauen, während die Konturpunkte gesetzt werden. Die Konturpunkte werden nun zu einer neuen Gesichtsform verbunden. Die den Ausdruck der Maske unterstützenden Gesichtszüge werden ergänzt. Am besten eignen sich für die Erkennbarkeit dick malende Filzstifte mit kräftigem Strich.
Die Zeichnung reicht bis an die Blattkante, dort wo Gesicht und Zeichnung zusammentreffen.

Um die Wirkung der Mimikmasken zu steigern, kann mit Schraffur oder Farbe weiter ausgestaltet werden. Vor dem Spiegel die Wirkung prüfen, die eigene Mimik dabei unterstützend verändern und so die Maske ins Spiel bringen. Die Wirkung wird allerdings nur im Zweidimensionalen deutlich, also entweder vor dem Spiegel oder durch fotografische Porträts. Dabei sollen die Konturpunkte mit der Gesichtsform genau übereinstimmen, damit die Teilmaske passt. Abschließend werden die Fotografien aller Ergebnisse präsentiert und verglichen.

Zusätzlich lassen sich auch Tiermasken in diesem Verfahren schnell herstellen, um mit ihnen zu experimentieren. Mit den Fotografien solcher verfremdeter Porträts können auch eine Fotoserie oder Postkarten erstellt werden.

Tipp 1:
Die Liste der angebotenen Gefühle (S. 38) kann um eigene erweitert werden. Sie werden einzeln auf Kärtchen geschrieben und dienen Dreierteams als Übungsmaterial. Gegenseitig wird geprüft, ob der Ausdruck beim Mitspieler richtig verstanden wird.
Tipp 2:
Als Variation kann dies z. B. im Verfahren des Kugellagers (gegeneinander rotierende Kreise, gebildet aus jeweils derselben Anzahl von Schülern) erfolgen. Bei einem Signal bleiben die zufällig getroffenen Partner gegenüber stehen, einmal stellt der Innenkreis, einmal der Außenkreis eine Mimik vor, die der andere errät. Es sind methodisch vielfältige Varianten der Kleingruppen- oder Partnerarbeit denkbar.

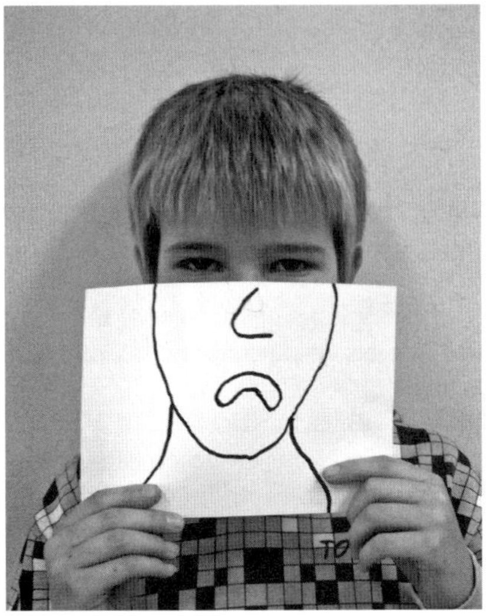

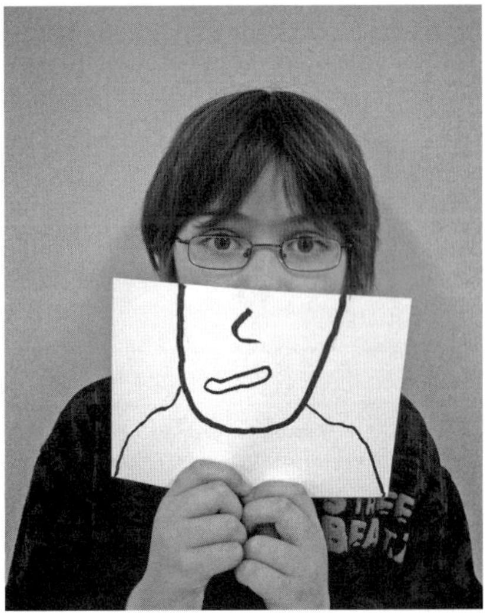

[2] In Vermeidung der Last direkter „Selbstdarstellung“ kann das Maskenspiel als reines Spiel lösende und beflügelnde Wirkung haben. Hier große, einfache Mimikmasken einer 5. Klasse.

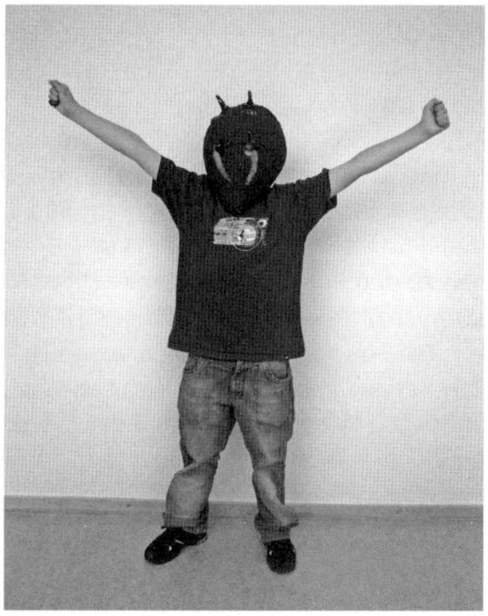

[3] Plastische Mimikmaske aus einer 5. Klasse.

[4] Schüler einer 5. Klasse beim Herstellen der Mimikmasken aus Pappmaché.

Zur Verwendung der Doppelseite „Gestik und Körperhaltung" (S. 40)
Erläuterung zur Herstellung einer Mimikmaske aus Pappmaché
Arbeitsschritte/Verfahren:

1. Ein größerer Luftballon wird so weit aufgeblasen, dass sein Durchmesser etwas mehr als der Kopfumfang des Schülers misst, damit die Maske passt.
2. Zur Vorbereitung wird nicht zu dünnflüssiger Kleister angerührt. Makulatur- oder Zeitungspapier wird in Streifen und Stücke gerissen.
3. Für die Grundform wird ein aufgeblasener Luftballon mit sechs bis acht Lagen des kleingerissenen und in Kleister eingetauchten Papiers kaschiert. Tipp: Damit der Luftballon oder die runde Grundform nicht vom Tisch rollt, eine stabile Schale oder einen kleinen Eimer darunter legen. Die Maske soll luftig lagern, am besten hängend.
4. Nur wenn die Kaschierung vollständig trocken und die Form fest ist, kann der Luftballon vorsichtig entfernt werden. Andernfalls fällt die Maske zusammen. Für eine Halbmaske wird die Grundform längs mit der Schere halbiert. Bei einer Vollmaske schneidet man an der unteren Seite ein Loch, das so groß ist, dass die Maske über den Kopf gestülpt werden kann.
5. Nun werden die Positionen Augen-, Nasen- oder Mundöffnungen in Partnerarbeit markiert und vorsichtig ausgeschnitten. Hervortretende Gesichtsmerkmale werden mit Pappmaché modelliert. Die Form für eine lange Nase wird z. B. aus Kartonpapier gefalzt, mit Klebeband fixiert und mit Kleister kaschiert.
6. Erst wenn die Maske vollständig durchgetrocknet ist, kann die farbige Gestaltung beginnen. Empfohlen ist eine Grundierung mit weißer Farbe. Anschließend wird sie mit flüssigen Acryl- oder Deckfarben entsprechend dem Entwurf bemalt.
7. Den Vorstellungen entsprechend kann mit unterschiedlichen Materialien, z. B. Wolle, Perlen, Stoffreste, die Maske weiter ausgestaltet werden. Geeignet sind Materialien für Haare, Antennen, Ohren, Augen usw. Bei einer Halbmaske wird ein Gummiband an beiden Seiten befestigt, sodass die Maske vor dem Gesicht hält.

⊗ Material zur Herstellung plastischer Mimikmasken: Zeichenpapier und Farbstifte, großer Luftballon, Kleister, Toilettenpapier, Schere, flüssige Farben und Pinsel, evtl. Schale oder kleiner Eimer, evtl. Fotokarton oder Materialien für Hohlkörper, evtl. Wollreste, Klebstoff und Klebeband.

Zum Hauptbild

Biografische Hinweise
Rineke Dijkstra (geb. 1959 in Sittard, Niederlande) ist Fotografin. Sie studierte von 1981 – 1986 an der Gerrit Rietveld Akademie in Amsterdam. Die niederländische Künstlerin erhielt bereits zahlreiche Preise und zeigte ihre Arbeiten in internationalen Ausstellungen.

Informationen zu den Fotografien: Rineke Dijkstra, Almerisa 1994 – 2005
Rineke Dijkstra vermittelt mit ihrer Fotoserie ein Zeugnis der Verwandlung eines Kindes zur Erwachsenen. Am Beispiel von Almerisa lassen sich individuelle Veränderungen beobachten. Es wird auch sichtbar, welchen Einfluss kulturelle Faktoren (Mode) auf die Veränderung haben.
In dem Zeitraum von 1994 bis 2005 begleitet Dijkstra Almerisa. Im Abstand von zwei Jahren (Im KUNST Arbeitsbuch 1 wird nicht die vollständige Fotoserie gezeigt.) dokumentiert sie fotografisch den Wandel von einem Mädchen zu einer jungen Erwachsenen.
Der Kontakt zu Almerisa war, so die Künstlerin, zufällig. Dijkstra war als Fotografin im Asylheim im niederländischen Leiden tätig. Dort wurde sie von der sechsjährigen Almerisa gebeten, auch von ihr ein Porträt zu fertigen. Sie ist die jüngste Tochter einer bosnischen Flüchtlingsfamilie.

Dijkstra verwendete dabei konsequent dasselbe fotografische Setting:

Vor der Aufnahme: Die Fotografin lädt Almerisa ein, sich vor der Kamera zu präsentieren. Almerisa bleibt es frei überlassen, sich in Szene zu setzen. Sie entscheidet selbst, wie sie sich vor der Kamera präsentiert. Nur das In-die-Kamerablicken und einen relativ neutralen Gesichtsausdruck gibt die Fotografin vor. So gelingt es, dass Körpersprache und Mimik das Selbstbild des Mädchens – in seiner Veränderung – zeigen.

Fotografische Technik: Dijkstra verwendet eine schwergewichtige Plattenkamera mit Stativ, die es erlaubt, präzise Bilder und große Abzüge zu machen. Durch einen Aufhellblitz wird das Modell optimal ausgeleuchtet, störende Schatten werden verhindert. Im Gegensatz zu Fotos mit den heutigen kleinen Digitalkameras haben Dijkstras Modelle ein mächtiges Kameragehäuse vor sich. Der Kontakt zur Fotografin ist nur indirekt, da sie unter dem schwarzen Tuch der Plattenkamera verschwindet. Deshalb entsteht der Eindruck, dass Almerisa auf sich gestellt ist. Dijkstra erstellt keine Schnappschüsse, sondern plant sorgfältig die Situation und wartet dann auf den „exakten" Moment.

Bildgestaltung: Um eine Vergleichbarkeit der Porträts innerhalb der Serie zu gewährleisten, müssen einige Bildentscheidungen konstant bleiben. Für den Bildausschnitt wählt sie die Halbtotale, damit die Porträtierte in gesamter Haltung und mit etwas umgebendem Raum im Sinne klassischer Porträts gezeigt wird. Die Kamera ist auf eine Höhe gesetzt, zunächst frontal später in leichter Untersicht. Mit hoher Schärfentiefe bildet sie alles präzise ab. Die Fotografien sind in Farbe. Der Bildaufbau ist sachlich. Das Gesicht des Mädchens ist zur Kamera gerichtet, die Arme hängen herunter oder sind auf den Knien abgelegt. Die Fotografin fokussiert Almerisa. Das Mädchen sitzt bei allen Porträtaufnahmen ruhig, selbstverständlich und gelassen. Mit konzentrierter Haltung zeigt sie sich in einem Moment des Verweilens.

Raum: Die Fotografien entstehen in Almerisas natürlicher häuslicher Umgebung. Dijkstra zeigt Aus- und Anschnitte des Raumes, aber nicht zu viel, damit so wenig wie möglich von Almerisa ablenkt.

Intention: Die Adoleszenz ist Gegenstand Dijkstras künstlerischen Interesses. Die Fotografin zeigt in einem Zwei-Jahres-Rhythmus Kontinuitäten und Brüche in der Entwicklung der Heranwachsenden. Erkennbar werden die Neuorientierung und Merkmale des Heranwachsens. Im Vergleich wird trotz der Momentaufnahme Verborgenes deutlich, die innere und äußere Wandlung wird ablesbar. Dijkstra erkundet fotografisch die Herausbildung der Identität. An dem Beispiel Almerisas vermittelt die Künstlerin einfühlsam und respektvoll das sich wandelnde Bild einer Heranwachsenden. Das etwas schüchterne bosnische Flüchtlingsmädchen Almerisa wird zur selbstbewussten Frau, die erkennbar niederländische Kultur angenommen hat. Ihr Interesse am Menschen und seiner Entwicklung während der Kindheit und Jugend wird deutlich. Dijkstra geht es um die individuelle Entwicklung einer unverwechselbaren Person, hier Almerisa. Der Titel der Fotografie ist nicht anonym, sondern verrät den Namen der Porträtierten und das Entstehungsjahr. Es ist also ein beispielhaftes, aber individuelles Jugendporträt. Die Fotografin geht davon aus, dass alle Jugendlichen in ihrer Suche nach der eigenen Identität ähnlich sind. Die Porträtserie fasziniert, da sich jeder kompetent glaubt, die Abgebildete zu erkennen und ihre Selbstinszenierung zu durchschauen. Die Verlockung dieser Bilder besteht deshalb, weil jedes Gegenüber bis zu einem gewissen Punkt Objekt der eigenen Reflexion ist. Dijkstra beantwortet die Frage, ob sie durch die Porträts der Wahrheit einer Person näher gekommen sei: „Ja und nein. Ein Foto ist immer eine Art Lüge. Wahrheit gibt es nur für den Bruchteil einer Sekunde."

Der Aspekt Zeit wird in mehrfacher Hinsicht dokumentiert: Einerseits ist die Zeit als Moment im Prozess des Fotografiertwerdens enthalten, andererseits zeigt die Fotoserie die soziale Biografie des Mädchens über einen Zeitraum von elf Jahren.

Interpretation: Diese serielle Arbeit ist auf Vergleiche angelegt. Ähnlichkeiten und Unterschiede können dadurch erkundet und die Phase der Wandlung vom Kind zum Erwachsenen somit nachvollzogen werden. Der Betrachter kann das Heranwachsen von Almerisa schrittweise beobachten. In ihren Fotografien bleibt für die Betrachter Raum für eigene Gedanken, Vermutungen und Selbstbefragungen. Der exemplarische Charakter dieser Serie erlaubt Projektionsmöglichkeiten. Phasen des eigenen Heranwachsens werden wachgerufen. Insofern wird der Betrachter in den Dialog Fotografin – Porträtierte einbezogen.

Weiterführende Literatur:

- Stahel, Urs/Visser, Hripsine: Rineke Dijkstra. Portraits, Katalog, Schirmer/Mosel 2004
- Stamm, Rainer (Hg.): Paula Modersohn-Becker. Portraits, Kunstsammlungen Böttcherstraße, Paula Modersohn-Becker Museum, Bremen 2003

Das fühle ich

Hauptaufgabe:
Gestalte ein Farbbild.

Didaktischer Sinn der Hauptaufgabe

Die Hauptaufgabe zielt darauf, Gefühle, Empfindungen und Stimmungen mit Farbe auszudrücken. Anhand von Bildern und in experimentellen Malprozessen werden Erfahrungen zur emotionalen Wirkung von Farben gewonnen, die Schülern dabei helfen sollen, eine eigene Farbauffassung zu entwickeln. Anknüpfungspunkte bieten weniger Farbtheorien, sondern vielmehr die Reflexion subjektiver Farbauffassungen und der Vergleich der eigenen Farbwahrnehmung mit der anderer Menschen. Daran wird deutlich, dass die Zuordnung von Farbwirkungen zunächst subjektiv ist. Menschen sind prinzipiell verschieden und haben unterschiedliche Auffassungen, Vorstellungen, Erfahrungen. Zuweilen wird die Zuordnung von Farbwirkungen auch durch konkrete biografische Ereignisse geprägt. Gleichermaßen gibt es tendenzielle Übereinstimmungen in der Erfahrung und Zuordnung von Farbwirkungen (zumindest zwischen den Menschen aus einem kulturellen Kontext) – etwa ob die Farben eines Bildes eine düstere, laute, freudige oder traurige Stimmung hervorrufen. In der gemeinsamen Erkundung von Bildern ist Empfindliches, Empfindsames und Gefühlvolles in Feinheiten wahrzunehmen, das in der flüchtigen und alleinigen Auseinandersetzung leicht übersehen wird. Sich über Farbwirkungen und -stimmungen auszutauschen, heißt auch, voneinander zu lernen. Dadurch verfeinert sich die eigene Farbwahrnehmung, es wird aber auch eine kulturell akzentuierte Farbauffassung tradiert.
Die Aufgabe, deutlich verschiedene Stimmungen farblich zum Ausdruck zu bringen, betont die Wahrnehmung und farblich differenzierte Darstellung eigener Emotionen und Stimmungslagen. In der Gegenüberstellung zweier konträrer Farbstimmungen wird die Besonderheit einer Farbstimmung – im Kontrast zur anderen – deutlich hervorgehoben.

Kernkompetenz: Empathie und Ausdrucksfähigkeit
Die Fähigkeit Empfindungen, Stimmungen, Gefühle wahrzunehmen und sich auf sie einzulassen, bedingt die Fähigkeit sich auf andere einzustellen, sie anzuerkennen und mit ihnen einfühlsam und auch gefühlvoll umzugehen. Dazu muss erlernt werden, die eigenen Gefühle und Empfindungen wahrzunehmen, zu benennen, einzuschätzen und auch zu kontrollieren. Der differenzierte praktische Umgang mit Farbe, Farbwerkzeugen und Malprozessen eröffnet Möglichkeiten, eigene Gefühle auszudrücken und symbolisch auszuleben. Besonders an Kunstwerken lassen sich anhand von Farben (Farbausdruck, Farbauftrag, Farbnuancen, Farbkontraste u. a.) bedeutsame Erfahrungen mit eigenen und fremden Gefühlen und Empfindungen machen.

Kernkompetenz: Farbwahrnehmung und Farbdarstellung
In diesem Kapitel lernen Schüler sich auf individuellen und vielschichtigen Wegen dem Phänomen und dem Material Farbe zu nähern. Dabei finden und bilden sie differenzierte Zugriffe

und Ausdrucksformen. Rezeptive, sprachliche und praktische Erkundung unterstützen sich wechselseitig. Die Schüler entwickeln ein eigenes Farbsystem, z. B. wenn Möglichkeiten des Farbauftrags differenziert oder Farben harmonisch oder kontrastierend kombiniert werden.
Um über Farben, Farbwahrnehmungen und Farbwirkungen reflektieren zu können, wird ein bestimmtes Vokabular benötigt: Die Schüler erlernen das Finden und Zuordnen von entsprechenden Worten und Begriffen, um z. B. Wirkungen zu beschreiben. Auf diese Weise erweitern und differenzieren sie ihre Fähigkeiten, Farbwirkungen und -stimmungen eines Bildes in Worte zu fassen, um sie anderen mitzuteilen.

Vorschlag für eine Unterrichtseinheit
Gesamtumfang 6 Doppelstunden und Hausaufgaben

1. Doppelstunde:
a) Hauptbild, Emil Schumacher: Adumin; Bildgespräch, Einführung in das Kapitel
b) Farbstellen finden und Farbwörter zuordnen, Stimmungen und Gefühle zuordnen
c) Farbtöne nachmischen

2. Doppelstunde:
a) Emil Schumacher: Adumin und Helios III; Bildervergleich und Farbwirkungen beschreiben (S. 45, 46/47)
b) eine Stimmungslandkarte erstellen: Farbwolken und Farbfelder malen, Farbtöne mischen - Stimmungen schriftlich formulieren und zuordnen

3. Doppelstunde:
a) Bildstimmungen in Worte fassen und beschreiben (S. 50/51)
b) Adjektive und Klänge zuordnen
c) zu Bildern schreiben
Hausaufgabe: Sammeln von Erden

4. Doppelstunde:
a) Ausgangsstoffe für Farben sammeln und Farben herstellen; Malwerkzeuge bauen (S. 52/53, 54)
b) Malen mit selbst hergestellten Farben (Malwerkzeuge, Malgründe, Farbauftrag, S. 54/55)

5. Doppelstunde:
Hauptaufgabe: Gestalte zwei unterschiedliche Stimmungsbilder (S. 47)

6. Doppelstunde:
a) in ein Bild „hineinsehen" - Bildgespräch (S. 48/49)
b) ins Bild hineinfantasieren

Erwartungshorizont und Tipps zur Durchführung der Aufgaben

Farben und Farbwirkungen erkunden, unterscheiden, beschreiben und anwenden (S. 46/47, 50/51)

Die Aufgaben 2, 3 (S. 46/47) und die Übungen 1–4 (S. 50/51) verlangen und fördern:
- die Verlangsamung der Wahrnehmung,
- ein genaues Eingehen auf einzelne Bildpartien,
- die Wahrnehmung feiner Farbunterschiede,
- differenzierte sprachliche Mittel für Farben und Farbnuancen,
- das Ermischen von Farben und Farbnuancen.

Weiterführende Literatur:
- **KUNST 5–10, 3/2006: Liebesgefühle**
- **KUNST+UNTERRICHT, 214/1997: Malen experimentell**
- **KUNST+UNTERRICHT, 264 und 265/2002: Wege zur Farbe**
- **KUNST+UNTERRICHT, 243/2000: Material Kompakt, Malerei**
- **KUNST+UNTERRICHT, 178/1993: Emil Schumacher**
- **KUNST+UNTERRICHT, 203/1996: Wege zum Abstrakten**

Hinweise zum KUNST Bildatlas:
- **Wassily Kandinsky: Improvisation 12 (Reiter), S. 97**
- **Paula Modersohn-Becker: Mädchen mit Katze im Birkenwald, S. 103; KUNST Arbeitsbuch 1, S. 9**
- **Claude Monet: Impression, Sonnenaufgang, S. 125**

Farben und Farbwirkungen unterscheiden (Aufgabe 2, S. 46)
Partnerarbeit erleichtert das Schreiben und Beschreiben von Farbstimmungen und die Findung von Farbwörtern. Die Übung lässt sich mit der Abbildung „Adumin" (S. 45) realisieren und mit den angegebenen Bildern im KUNST Bildatlas fortsetzen.
Weiterer Tipp: Anfertigen von Schwarz-weiß-Kopien des Bildes, auf denen man den Ausschnitt markieren und Sprechblasen mit Farbwörtern sowie Gefühlen, Stimmungen aufkleben kann.

[1] Persönliche Stimmungslandkarte eines Schülers

Stimmungslandkarte (Aufgabe 3, S. 47)
Die Erstellung einer Stimmungslandkarte stellt eine strukturierte Hilfe dar, wenn die in den Bildern gefundenen Farbwörter nachgemischt, kumuliert und angeordnet werden, so dass eine Art Landkarte der Farben und Farbstimmungen entsteht.

Gestalte ein Farbbild (Hauptaufgabe, S. 47)
Diese Aufgabe bietet weitere alternative gestalterische Umsetzungsmöglichkeiten und Differenzierungs- bzw. Erweiterungsmöglichkeiten an:
- wenn Farben und Klängen entsprechende Farben und Farbkompositionen zugeordnet werden (vgl. Kap. 7),
- wenn Gefühle und Emotionen in die farbige Ausgestaltung von Personen oder Tieren einfließen (vgl. Kap. 6),
- wenn Malweisen und malerische Experimente in Anlehnung an Maltechniken von Künstlern gewonnen werden (vgl. Kap. 9).

Farben herstellen (S. 52/53)
Die Herstellung eigener Erdfarben führt in grundlegende handwerkliche Aspekte des Umgangs mit Farbe und Farbmaterialien ein. Das sinnliche Tun fördert die Motivation von Schülern und bildet die Basis, um sich mit den Grundlagen der Malerei auseinanderzusetzen. Hierdurch sind in besonders geeigneter Weise Wege geöffnet, um Schüler an die Ursprünge des Malens und Zeichnens, der Kunst heranzuführen. Erdfarben sind die ältesten Farben, bis in unsere Gegenwart hinein finden wir hierfür Zeugnisse und Spuren in nativen Kulturen (vgl. z. B. KUNST Bildatlas S. 15, S. 28/29).
Wesentliche Aspekte der Gegenwartskunst (wie z. B. Herman de Vries, Antoni Tapiès , Emil Schumacher, Nikolaus Lang) können durch die elementaren und handlungsorientierten Erfahrungen der Schüler leichter und nachhaltiger erschlossen werden. Am Beginn des Unterrichts steht das Sammeln von Erden in der schulnahen oder wohnortnahen Region, ein Anlass kann auch durch einen Wandertag gegeben sein. Das Sammeln von Erden führt zu einer erhöhten Sensibilisierung für die Dinge um sie herum: Es ist eine Möglichkeit zur Aneignung und Strukturierung von Umwelt und trägt somit grundlegend zur Wirklichkeitskonstruktion bei. Ein erweitertes und variantenreicheres Spektrum der Erdfarben wird erzielt, wenn die Schüler in den Ferien Böden und Erden aus ferneren Regionen zusammentragen. Dicht verschlossen sind Erdfarben über Monate haltbar. Sind sie eingetrocknet, wird Wasser hinzugefügt und die Farbe lässt sich weiterverwenden.
Zur Herstellung eigener Erdfarben eignen sich feine Erden bzw. feiner Sand ohne grobe Materialstrukturen. Gröbere und körnige Bodenfunde werden mit Mörser (alternativ Hammer und beschichtete Span- oder Kunststoffplatten) oder auch einer Küchenrolle zerrieben.

Die Erdproben werden in Glasbehältern oder durchsichtigen Kunststoffbechern gesammelt. Sie werden mit einem Farbnamen und auch ihrem Fundort beschriftet.

Weiße Erden sind zum Malen heller Bildpartien unerlässlich, aber sie sind nur selten zu finden. Alternativ kann hier auch Vogelsand oder zermahlene Tafelkreide genommen werden. Schwarze und leuchtendrote Farben können durch das Pulverisieren von Holzkohle und Ziegelsteinresten gewonnen werden.
Als Bindemittel wird dick angesetzter Tapetenkleister verwendet, es kann auch wasserverdünnter Holzleim oder im Künstlerbedarf erhältlicher pigmentloser Acrylbinder genommen werden. Als Bildträger empfehlen sich feste, auch raue Oberflächen, Packpapier und Pappen, auch Hartfaserplatten. Die Bilder sollten flach liegen, wenn sie trocknen, da sonst die Farbmasse abrutschen kann.

Das Herstellen eigener Erdfarben erfolgt am besten in Gruppen. Schüler legen gemeinsam eine Farbsammlung an. Ein solches „Farbarchiv" kann später Bestandteil einer abschließenden Präsentation werden.
Im produktiven Umgang mit Erdfarben können Schüler das Spektrum vorhandener Erdtöne differenziert unterscheiden und mischen, und auch entsprechende Farbnamen zuordnen. Das Nachmischen von gefundenen Farbtönen mit den eigenen Farben des Wasserfarbkastens intensiviert die gemachten Erfahrungen.

Erdfarbtöne	**Mögliche Fundorte**
Weiß	Strand
Weißgelb	Strand, in Dünen, an Bach- und Flussufern, auch im Bachbett
Dunkelgelb	Baustellen- und Pflastersand, Baustellenaushub, lehmige Äcker
Ockergelb	Dünen, Heidegebiete
Ockerrot	Wald, Moor
Anthrazit	Acker
Braun/Braungrün	Acker- und Lehmböden, Steinbrüche

Alternative Farbtöne zur Selbstherstellung	**Material**
Weiß	Tafelkreide, Vogelsand
Rot	Mauer- oder Dachziegel
Schwarz	Holzkohle

Farben auftragen (S. 54/55)
Hier lernen die Schüler verschiedene, neue und ungewöhnliche Verfahren, Materialien und Werkzeuge kennen, um neue Formen und Wege im Umgang mit Farbe und experimenteller Malerei zu erproben.

Einen Einblick in das Atelier Hans Hartungs gibt Abb. [12], S. 55. Die Abbildungen [13] + [14] illustrieren die Übungen 1–3. Die Übungen fördern neben einer Erkundung und Erprobung von Farbmaterialien, Werkzeugen und Malgründen eine intensive Farbwahrnehmung.

Eine weitere Vertiefung der ästhetischen Erlebnisse und Erfahrungen wird möglich, wenn diese festgehalten und versprachlicht werden. In der folgenden Tabelle sind mögliche Parameter des experimentellen Umgangs mit Farbe zusammengetragen.

Welche Farben gibt es?	**Was kann man mit Farbe machen?**	**Welche Untergründe gibt es?**	**Welche Werkzeuge gibt es?**	**Bewegung**	**Farbauftrag**
Wasserfarben	pressen	Metall	Schwamm	wild	Schlieren
Plakafarben	spritzen	Spanplatte	Spritzflasche	chaotisch	Blasen
Acrylfarben	kratzen	Pappe	Finger	zackig	Krusten
Kleisterfarben	gießen	Glas	Äste	ruhig	Flecken
Aquarellfarben	spachteln	Styropor	Spachtel	sanft	Rillen
	fließen lassen	Holz	Handfeger	krakelig	Tröpfchen
Selbstgemachte	drucken	Papier	Fäden	schnell	Linien
Farben:	träufeln	Stoffe (z. B. Leinen)	Bürsten	langsam	Punkte
Erdfarben	reiben	Folie	Besen		Kleckse
Kaffee		Gipsplatte	Spatel		Schichten
Tee		Karton	verlängerte Pinsel		
			Lappen		
			Schaber		fließend
			Holzstreifen		wässrig
			Kartonstreifen		pastos
			Plastikgabel		bröckelig
			Murmeln		
			Walze		
			Kamm		

Die Schüler nummerieren oder betiteln ihre Ergebnisse und machen in ihrem Kunstheft dazu entsprechende Eintragungen:

a)

Farbe:	Acrylfarben
Auftrag:	geschüttet und geträufelt, fließend
Untergrund:	Tapete
Werkzeug:	Plastikdose
Bewegung:	schnell und kurvig
Ergebnis:	Punkte, Kleckse und Linien

b)

Farbe:	Erdfarben
Auftrag:	gerieben und gehäuft
Untergrund:	Fotokarton
Werkzeug:	Hand
Bewegung:	sehr langsam
Ergebnis:	pastos, bröckelig, Krusten

Zum Hauptbild

Biografische Hinweise

Emil Schumacher wurde 1912 geboren. Er studierte an der Kunstgewerbeschule in Dortmund. Seine ersten Bilder – überwiegend Landschaftsbilder – weisen noch kubistische Züge auf, ehe er sich zunehmend der rein abstrakten Malerei zuwandte. Er war Teilnehmer der documenta II, documenta III und Documenta 6, auf denen er seine großformatigen Bilder ausstellte. Er schuf auch zahlreiche Werke für den öffentlichen Raum, wie z. B. eine Mosaikarbeit für eine U-Bahn Station in Rom. Dominierendes Thema seiner Arbeiten ist die Eigenwertigkeit der Farbmaterie sowie die Farbwahrnehmung auf den Betrachter. Schumacher wird heute zu den Mitbegründern der Abstrakten Kunst sowie der Informellen Malerei in Deutschland gerechnet. Er starb 1999.

Bildbeschreibung
Bis ins hohe Alter hat sich Emil Schumacher mit enormer Kraft und Intensität seinem malerischen Werk gewidmet. Diese Vitalität wird spürbar in „Adumin", das er 1988 malte. Eindrucksvoll flutet ein unermesslich tiefes Blau von links nach rechts, ungefähr der Diagonale folgend. Das leuchtende Blau erzeugt eine unendliche räumliche Weite und Tiefe, die sich gleichzeitig nach hinten und nach vorne drängt. Eine Grenze erfährt das sonst uferlos scheinende Blau durch erdfarbene Partien, die in einem Bogen die andere Hälfte des Formates bestimmen. Wie borkige Rinde oder erdige Kruste schieben sich bräunlich-grüne Farbinseln in die Raumtiefe. Das erdig-bräunliche Grün schimmert fleckig mal gelblich-orange oder gleitet ins Dunkelbraun. Über die schrundige und sandige Erdfarbe rinnt das Blau in mehreren Strömen. Dies lässt Assoziationen entstehen: die Ansicht eines kontinentalen Randbereiches oder ein Flussdelta aus der Vogelperspektive. Dunklere und hellere Flecken im Blau wirken wie die Tiefe eines Meeres. Bei genauerem Hinsehen fallen jedoch Details auf, die die Richtung dieses Auslegungsprozesses hindern. Dann fügen sich die weißen Flecken, die über das gesamte Bild verteilt sind, nicht mehr zu Wolken oder Eisbergen. Sie sind weiße Malspuren. Unregelmäßige geschlossene dünne schwarzblaue Linien und weitere grünbräunliche Pinselspuren und Farbspritzer entziehen sich ebenfalls einer gegenständlichen Auslegung.
Malerei war für Schumacher ein primär sinnliches Phänomen. Der Verstand hat korrigierende Funktion, damit die Emotion nicht entgleitet. Empfindung und Intuition bleiben die treibenden schöpferischen Kräfte, ausgelöst durch die Farbe an sich. Nicht Verstand oder Wille wählt sie. Das farbige Material bestimmt den Weg der künstlerischen Gestaltung, dem er sich fügte und anschloss. Schumacher erläuterte: „Ich nehme eine Farbe, wie ich in einen Apfel beiße oder einem Freund die Hand gebe. Farben sind Feste für die Augen. Was ist schon Rot oder ein Blau in einem Bild, wenn es nicht über die ganze Qualität dieser Erscheinung Rot und Blau etwas aussagt. [...] Der Genuss einiger Bilder liegt in der Farbe begründet, in ihrem ganzen Geschmack, den sie an uns stellt."
Aus dieser Perspektive ist „Adumin" zu betrachten. Es könnte demnach das Fest, die Inszenierung der Farbe Blau sein. Auch das Zitat des Künstlers „Ich bin der Erde näher als den Sternen" bietet Hilfe zum Verstehen.
Schumacher bildete nicht die sachlichen Gegebenheiten der Natur, des Menschen und der Schöpfung ab. Seine Malereien stellen sozusagen die Summe des Erlebten dar, die er als eine „Form von gesteigertem Leben" bezeichnet. In seiner künstlerischen Praxis ist das Bild in seiner Vorstellung, wie das entsprechende materielle künstlerische Werk nicht statisch sondern stets prozessual und entspringt einer Bewegung, einer Handlung. Die Zeitbezogenheit der Herstellung eines solchen Bildes wird im mannigfaltigen Duktus des Überarbeitens, Wiederaufnehmens und Überlagerns, des Laufenlassens von Malspuren ebenso deutlich wie in den Rissen, Schründen und Krustungen der Bildoberfläche. Farbschichten überdecken einander, werden teilweise aufgerissen und offenbaren das darunter Liegende. Glattes stößt an Raues, Helles schimmert unter Dunklem hervor.
Oftmals bleiben in Schumachers Abstraktionen Zeichen, Striche, Bewegungen oder sogar Gegenstände bewahrt. Sie sind nicht mehr als Indizien bzw. Hinweise auf Dinge der Welt, auf Menschen und Tiere. Der Künstler nannte seine Bilder selber Landschaften, dabei verwies er auf das Eingebundensein in die Natur, dem er sich nicht entziehen konnte. Doch Schumacher bildete nicht einfach ab, er bildete Neues, Höheres.
Dabei entwickelt sich das Bild mit dem Betrachter weiter. Emil Schumacher: „Das Bild ist keine vollendete Tatsache, sondern etwas, das sich stetig entwickelt, damit es uns zu immer neuen Entdeckungen verhilft. Für uns alle sind Emotionen Erlebnisse, die wir haben. Sie können sie nicht mit dem Verstand erleben. Wir erleben rein intuitiv die Welt und unsere Umgebung, und dann ordnen wir sie durch unseren Verstand. Wir machen dann eine klare Aufstellung: Was ist? Was hast du empfunden? Und so ist das in meiner Malerei ja auch."

(Zitate des Künstlers aus dem Film „Emil Schumacher", 1992, von Marlene Aßmacher)

Ich schaue genau hin

Hauptaufgabe: Zeichne ein Stillleben.

Didaktischer Sinn der Hauptaufgabe

Mit der Hauptaufgabe werden die Schüler von der inhaltlichen Ebene der Gattung des Stilllebens auf die handlungsorientierte Ebene, die Vermittlung und Einübung von auf Beobachtung (Naturstudium) beruhenden Darstellungstechniken, geführt. In der Hauptaufgabe treffen eine Anzahl von unterschiedlichen Schwierigkeiten und darstellerischen Anforderungen aufeinander, die durch kleinschrittige Einzelübungen schrittweise bewältigt werden können: Proportion, Tiefenräumlichkeit, Plastizität, Komposition und auch schon perspektivische Darstellung. Letztere erlernen die Schüler altersgerecht durch einfache Möglichkeiten der Raumillusion wie z. B. Überschneidung und Größenminderung.

Kernkompetenz: Differenziertes Wahrnehmungsvermögen
Das „genaue Hinsehen" erfordert eine Verlangsamung der Wahrnehmung und eine Überprüfung all zu schnell angewandter Wahrnehmungsschemata. Nicht die reine dinglich „erkennende" Identifizierung von Gegenständen ist hierzu gefordert, sondern eine achtsame Hinwendung auf ihre vielfältigen Wahrnehmungsqualitäten: Form, Plastizität, Stofflichkeit, Beleuchtung. Dieser Wahrnehmungsakt erfordert eine Verschiebung der gewohnten Aufmerksamkeitsmuster und ist für Schüler dieser Altersgruppe nicht leicht zu erlernen. Doch lassen sich hier schnell Lernentwicklungen anstoßen, die bei einigen Schülern dann zu sehr motivierten Selbst-Lernprozessen führen.

Kernkompetenz: Abbildliches Darstellen
Mit dem Ende der Kindheit erwacht ein verstärktes Interesse an „realistischer" Bilddarstellung. Bisherige Darstellungsschemata und Darstellungsformeln beginnen sich aufzulösen und werden auf der Basis bewusster Betrachtung modifiziert und reformiert.
Um hier Entwicklungen zu fördern, müssen auf handwerklicher Ebene neue Darstellungsmittel erarbeitet werden, vor allem die Räumlichkeit erzeugende Schattierung. Die Faszination an der „augentäuschenden" Darstellung kann dabei als Motivationsquelle genutzt werden. Die Arbeit am „flachen" Stillleben reduziert die Probleme räumlicher Darstellung so weit, dass eine Konzentration auf die Hauptaspekte Umrissform und Schattierung gefördert wird. Beide Teilleistungen sind von Schülern dieser Altersgruppe in überzeugender Weise zu erbringen.

Vorschlag für eine Unterrichtseinheit
Gesamtumfang 6 Doppelstunden und Hausaufgaben

1. Doppelstunde:	a) das „Steckbrett" zu zweit beschreiben und untersuchen	ca. 20 min.
	b) Ergebnisse mit anderer Partnergruppe austauschen und anschließend Besprechung im Plenum	ca. 35 min.
	c) Skizzen anfertigen zum „Steckbrett"	ca. 35 min.
	Hausaufgabe: Persönlichen, flachen Gegenstand von zu Hause mitbringen	
2. Doppelstunde:	a) Übungen zum plastischen Darstellen	ca. 70 min.
	b) persönlichen Gegenstand abzeichnen und farbig gestalten	
	c) Gestaltung des „Klassensteckbretts"	ca. 20 min.
	Hausaufgabe: Zeichnen üben: einen Gegenstand abzeichnen und schraffieren, Obststück von zu Hause mitbringen	
3. Doppelstunde:	a) Komposition eines Stilllebens mit realen Obststücken in Vierergruppen	ca. 20 min.
	b) Anfertigung von Fotografien der unterschiedlichen Arrangements	ca. 30 min.
	c) Analyse einer Komposition durch Zeichenskizzen	ca. 40 min.
	Hausaufgabe: Gegenstände sammeln für ein persönliches Stillleben (–Porträt)	
4. + 5. Doppelstunde	Hauptaufgabe: Zeichnung eines Stilllebens Einzelaufgabe mit Wiederholung aller Zeichenübungen	90 min.
	Hausaufgabe: Fertigstellung	
6. Doppelstunde:	Schlussbesprechung, Schlusspräsentation Anlegen eines Portfolios/Projektberichtes	45 + 45 min.

Erwartungshorizont und Tipps zur Durchführung der Hauptaufgabe

Zur Ausführung der Hauptaufgabe wird den Schülern zur gemeinsamen Erarbeitung zuvor das Hauptbild präsentiert: Die abgebildeten Gegenstände werden benannt und über ihre Bedeutung für den Maler Vermutungen angestellt. Mit der Ansammlung von bekannten und nicht mehr bekannten Gegenständen kommt das Bild der Freude der Schüler am Entdecken, Benennen und „Geschichtenspinnen" entgegen. Die verblüffend „echte" Darstellungsweise sowie die Parallele zur häuslichen Pinnwand bergen ein hohes Motivationspotential. Neben den inhaltlichen Aspekten, zu denen der Lehrer je nach Bedarf Zusatzinformationen gibt (s. hier S. 48/49), wird das Augenmerk auch schon auf künstlerische Aspekte gelenkt, die die verblüffende Wirkung erzielen, die entsprechenden Fachbegriffe werden eingeführt: illusionistische/naturalistische Malweise, Plastizität, Überschneidungen, Stofflichkeit, Vorder- und Hintergrund, Trompe-L'œil/„Augentäuscherbild".
Die Begriffe des „Stilllebens" und der Sonderform des „Trompe-L'œil" werden mit dem Text auf S. 59 eingeführt und eventuell wird noch ein „typisches" Stillleben zur Veranschaulichung gezeigt (z. B. Pieter Claesz: Stillleben mit niedergebrannter Kerze, 1625).

Weiterführende Literatur:

- **Hollmann, Eckhard/Tesch, Jürgen: Die Kunst der Augentäuschung, München, 2005**
- **Ausstellungskatalog: Stillleben in Europa, Münster/Baden-Baden, 1979**
- **Grimm, Claus: Stillleben, Stuttgart, 2001**
- **Schneider, Norbert: Stillleben, Köln, 1999**
- **Ebert-Schifferer, Sibylle: Die Geschichte des Stilllebens, München, 1998**
- **KUNST+UNTERRICHT 242/2000: Gegenständliche Malerei**
- **KUNST+UNTERRICHT 243/2000: Material Kompakt „Malerei"**

Hinführung zur Hauptaufgabe

Zunächst werden die Möglichkeiten der Komposition sowie die sich daraus ergebenden Wirkungen bewusst gemacht (S. 60/61). Hierbei ist es wichtig, die bildnerische Bedeutung von nicht unmittelbar sichtbaren, eher gedachten Kompositionslinien zu verdeutlichen. Danach können die Aufgaben 1–3 bearbeitet werden. Das Arbeiten nach dem „Modell" ist für Schüler neu. Deshalb sollte der Lehrer erklären, dass die Beobachtung bzw. die Orientierung an der Natur auch dann sinnvoll und hilfreich ist, wenn die Umsetzung nicht auf Anhieb oder nicht ganz gelingt. Bestimmte Fehler bei der perspektivischen Darstellung müssen nicht unbedingt korrigiert werden, der Lehrer hilft lediglich bei gezielten Fragen, die erkennen lassen, dass die Unstimmigkeiten dem Schüler bewusst sind.

Dagegen sind einige Grundregeln für das Zeichnen nach der Natur zu vermitteln:
- Es muss immer derselbe Blickwinkel (Kopfhaltung) beibehalten werden.
- Der Betrachtungsabstand sollte ca. 90 cm betragen.
- Eine Komposition muss immer unverändert bleiben.
- Gegenstände dürfen/sollen sich überschneiden.
- Gegenstände werden im Maßstab 1:1 abgebildet (evtl. größer).
- Die Objekte müssen immer zur Anschauung vorliegen.

Die Schüler bringen drei bis vier geeignete Gegenstände für ein zu zeichnendes Stillleben mit. Da sie zur ständigen Anschauung bereit stehen müssen, dürfen sie weder zu groß, noch vergänglich sein. Sie sollten am besten in der Schule verbleiben. Es empfiehlt sich ein Thema für ein Stillleben zu stellen, z. B. „Süßigkeiten", „Gesundes und Ungesundes", „Mein Arbeitsplatz", „Spielzeug", „Aus dem Wald", „Der Inhalt meines Federmäppchens", „Groß und Klein".
Zunächst wird eine Komposition festgelegt, die am besten auf einem untergelegten Blatt Papier durch Umrandung der Gegenstände vorskizziert wird.
Anschließend werden die Größenverhältnisse und Formen der Gegenstände mit einer feinen, zunächst „suchenden" Bleistiftlinie festgelegt, wobei eine Darstellung im Maßstab 1:1 oder etwas größer angestrebt wird (Übung 1, S. 64; S. 68).
Hinsichtlich der Ausarbeitung eröffnen sich nun verschiedene Möglichkeiten, die jeweils mit entsprechenden Übungen vorbereitet werden können.

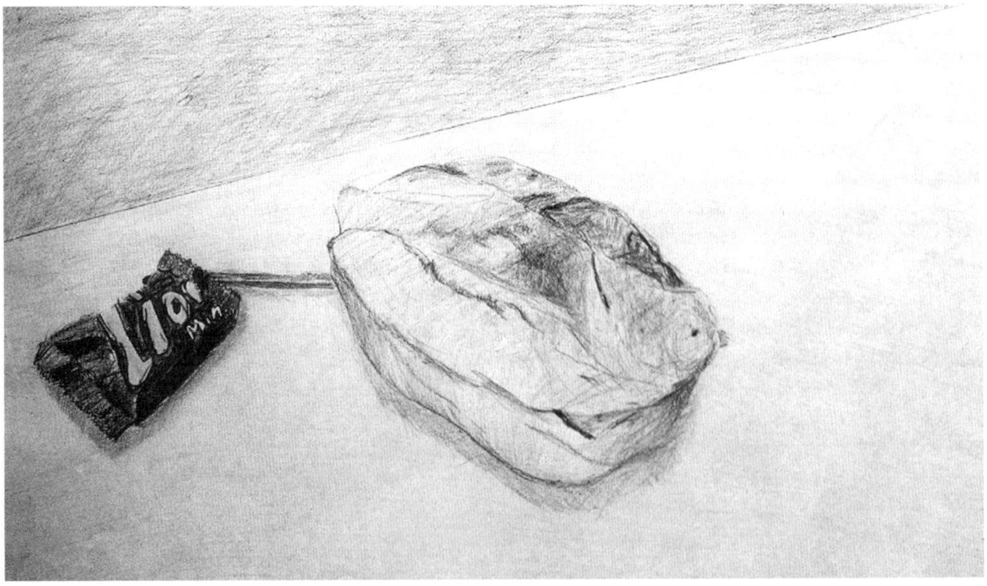

[1] Stilllebenzeichnung aus einer 6. Klasse mit Buntstiften

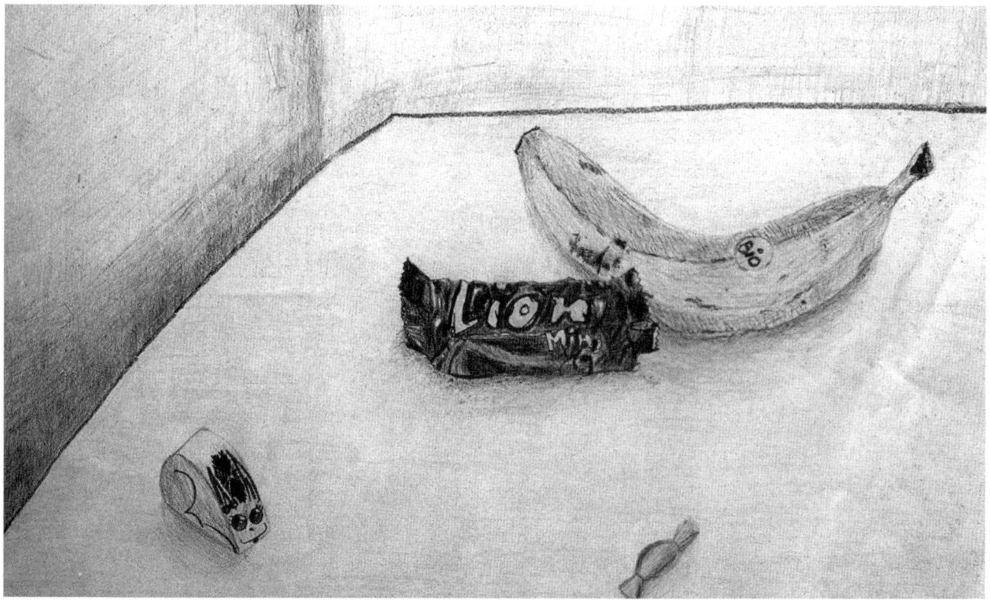

[2] Stilllebenzeichnung aus einer 6. Klasse mit Buntstiften

Ausführung der Hauptaufgabe
Die Zusammenstellung von Gegenständen zu einer Stilllebenkomposition ist wesentlich komplexer und daher auch schwieriger als die Steckbrett-Übung, denn hier kommen räumliche und flächige Zusammenhänge dazu. Der Gegenstand ist nicht nur in seiner Form, sondern auch in seiner Lage im Raum zu erfassen. Licht und Schatten verbinden ihn mit der Umgebung. In seiner Stellung zu den anderen Gegenständen im Bild ist die kompositorische Spannung zu bedenken. Die hier gezeigten Beispiele sind gut, aber im Klassenverband nicht völlig aus dem Rahmen fallend.

Erwartungshorizont und Tipps zur Durchführung der Aufgaben

Zur Gruppenaufgabe: „Klassensteckbrett" (S. 59)
Die zusammengetragenen Beobachtungen und (lenkenden) Zusatzinformationen zum Hauptbild münden in das Fazit, dass es sich hier um ein „verstecktes" Selbstporträt des Künstlers handelt. Zur Festigung bzw. Vertiefung werden die Texte im Buch S. 56, 58 gelesen und die Aufgaben 1 a–d auf S. 58 besprochen.
Die Frage, welche persönlichen Gegenstände sich die Schüler an einem heutigen „Steckbrett" vorstellen können, mündet in die Aufgabenstellung ein gemeinsames „verstecktes" Klassenporträt zu erstellen, zu dem jeder Schüler einen Gegenstand beisteuert (Aufgabe 2 a–c, S. 59). Da zu erwarten steht, dass Schüler häufig technische Geräte emotional besetzen, die wenig zeichnerisches „Potential" besitzen bzw. aufgrund spiegelnder Oberflächen in der Darstellung zu schwierig sind, empfehlen sich die Besprechung von möglichen (nicht-technischen) Objekten (s. S. 62: Was „lohnt" sich zu zeichnen?) sowie erste angeleitete Zeichnungen/Skizzen zur Erfassung von Proportionen anhand einfacher Gegenstände (Übung 1, S. 64; Übung 3, S. 65).
Bei der Darstellung der von den Schülern mitgebrachten, persönlichen Gegenstände sollte auf eine möglichst einfache Ansicht sowie mindestens maßstabsgetreue, bei eher kleinen Gegenständen auf eine vergrößernde Wiedergabe geachtet werden. Nachdem die Form gefunden ist, arbeiten die Schüler sie als Bleistift- oder Farbstiftzeichnung aus. Dabei wird (ansatzweise) die Herausarbeitung von Plastizität über Hell-/Dunkelwerte angestrebt (Übungen 1–4, S. 66/67; Übung 2, S. 69).

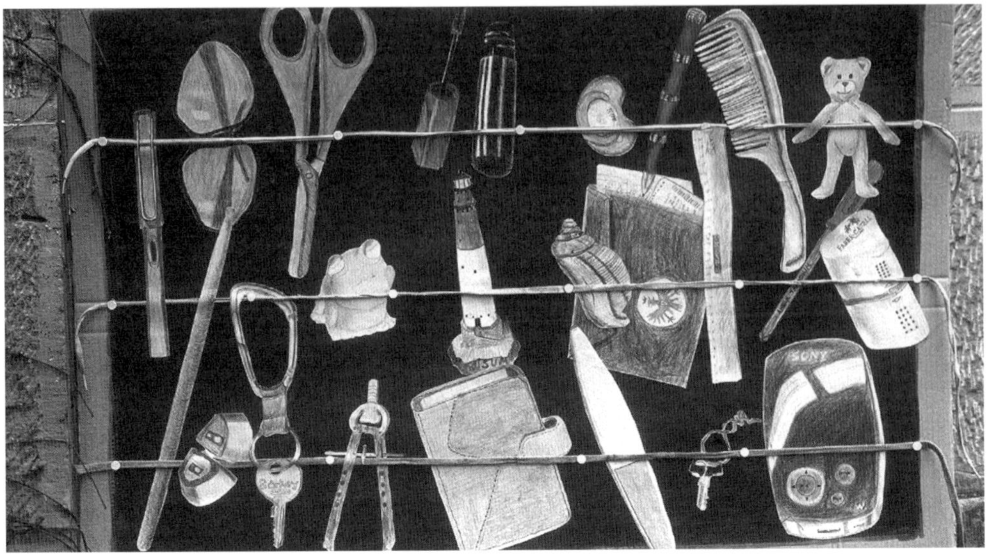

[3] Klassensteckbrett einer 7. Klasse mit den Mitteln des Bleistiftes, Buntstiftes und der Montage

Anschließend werden die einzelnen Gegenstände sauber ausgeschnitten und auf einen dunkelfarbig gestrichenen Bildträger (Holz-, MDF- oder Pressspanplatte; Wellpappe, Graupappe usw.) geklebt. Als „Lederriemen" dienen Kordel, Bänder oder Schnürsenkel, die von Reißzwecken gehalten werden, so dass der Eindruck des historischen Steckbretts nachempfunden und zugleich mit den verschiedenen Wirklichkeitsebenen gespielt wird.

Die Beispiele zeigen, wie weit Schüler einer 7. Klasse in der differenzierten Abbildung vereinzelter Gegenstände kommen können, sofern diese keine allzu große räumliche Komplexität aufweisen, sondern frontal erfassbar sind:
- Formen sind genau erfasst – in ihren Umrissen und konstruktiven Merkmalen,
- Oberflächen werden in ihren Lokalfarben und Abschattungen wiedergegeben,
- z. T. sind sogar Lichtreflexe, komplizierte Transparenzen und Halbtransparenzen genau studiert.

Um die Arbeit didaktisch erfolgreich zu strukturieren, ist es manchmal nötig, die Aufmerksamkeit der zeichnenden Schüler gleichsam „dosiert" und „gestuft" zu lenken und sukzessive auf die einzelnen Aspekte zu fokussieren.

Ein Bild ergänzen (Übung 3, S. 63)
Ausgangspunkt ist ein selbst gewähltes Foto, aus dem ein Teil ausgeschnitten und verschoben aufgeklebt wird. Das „Abzeichnen" des fehlenden Teils geschieht wohl nach der Vorlage, aber nicht durch Abpausen und dergleichen, sondern durch genaue vergleichende Beobachtung und Übertragung der Grauwerte. Dabei sollen die Formumrisse und Binnenkonturen nach Möglichkeit nur ganz leicht vorgezeichnet werden. Der Hauptakzent der Darstellung soll vielmehr auf den Grauwerten liegen, die in ihren genauen Relationen eingeschätzt werden müssen: Was ist der hellste Wert der Bildregion, was der dunkelste? Wie sind Mitteltöne in ihrer Stellung zwischen Hell und Dunkel zu definieren?

Tipps und Varianten zu den Zeichenübungen

Linearzeichnung oder Skizze: Hierbei empfiehlt es sich, die Ausdrucksmöglichkeiten des Bleistifts bewusst zu machen und einzuüben, so dass innerhalb der Zeichnungen durch Tiefen (Schwärzen) Akzente gesetzt werden, während Unwichtiges nur angedeutet bleibt (Übung 1, S. 63; Übung 2, S. 65).

Plastische Bleistiftzeichnung: Die Schüler werden angeleitet, möglichst deutliche Hell-/Dunkelkontraste einzusetzen, um eine möglichst plastische Wirkung zu erzielen. Ggf. demonstriert der Lehrer dies an einem einfachen Objekt mit Hilfe einer Schreibtischlampe.

Verschiedene Zeichentechniken zur Erzeugung von Grau- bzw. Schwarztönen werden anhand der Grafik S. 66 unten oder in einem entsprechenden Tafelbild erklärt (Übungen 1, 2, S. 66; Übung 3, S. 67).

[4] Graustufen-Übungen mit dem Bleistift in einer 6. Klasse

Farbig-plastische Umsetzung: Die Schüler zeichnen die Lokalfarben durch (additives) Mischen mit Buntstiften, indem sie einzelne Farbschichten übereinander zeichnen, oder mit verdünnten Wasserfarben, wobei die entsprechenden Töne möglichst direkt gemischt werden.
In beiden Fällen werden Glanzlichter weiß ausgespart, um die Plastizität zu erhöhen.

Aus künstlerischer Sicht ist der Hinweis wichtig, dass Farbtöne im Schatten soweit als möglich mit (Ultramarin-, ggf. Preußisch-) Blau abgedunkelt werden anstelle von Schwarz, das Farben leblos erscheinen lässt.
Mit verdünnter Deckfarbe kolorierte Gegenstände lassen sich nach dem Trocknen gut mit Buntstiften überzeichnen und so verfeinern (Schatten, Texturen, Details). Auch hier müssen die Schüler zu kräftigen Kontrasten ermutigt werden (S. 69 Text, Übung 2).

Alternative Gruppenarbeit: Sollte die Aufgabe ein vollständiges Stillleben zu realisieren als zu schwer bzw. zu umfangreich eingeschätzt werden, lassen sich Vierer-/Fünfer-Teams bilden, bei denen jeder Schüler nur einen Gegenstand zeichnet. Diese werden anschließend ausgeschnitten und von der Gruppe zu einem gemeinsamen Stillleben collagiert.

Zum Hauptbild

Biografische Hinweise

Samuel von Hoogstraten wurde 1627 in Dordrecht in den Niederlanden geboren. Nachdem sein Vater, der ebenfalls Maler war und damit auch sein erster Lehrer, früh verstarb, kam er in die Lehre zu Rembrandt.
Seine Arbeit als Auftragsmaler brachte es mit sich, dass er viele Orte bereiste: So lebte und arbeitete er u.a. in Wien, Rom und London. In diesen Jahren, die man auch als seine Studienjahre bezeichnen kann, legte er den künstlerischen Einfluss Rembrandts ab und gelangte zu seinem eigenen klassizistisch geprägten Stil. In seinen letzten Lebensjahren lebte er wieder in den Niederlanden in Den Haag und Dordrecht, wo er im Jahre 1678 starb.

Als Maler, Zeichner und Radierer widmete sich Hoogstraten sowohl der Porträtmalerei, als auch der Genre-, Landschafts- und Historienmalerei und eben den Stillleben. Außerdem schrieb er Trauerspiele und Lobgedichte. In seinem Todesjahr erschien Hoogstratens wichtigste klassizistisch-akademisch ausgerichtete kunsttheoretische Schrift: „Inleyding tot de Hooge Schoole der Schilderkonst". Samuel von Hoogstraten kann als Erfinder des Trompe-L'œil-Steckbretts gesehen werden. Er hatte schon bald Nachahmer wie z. B. Edward Collier (1640 – 1707). Auch er fügte den gemalten Utensilien auf dem Steckbrett Gegenstände aus seinem persönlichen Besitz zu; so lässt sich auch hier eine selbstbezügliche Deutung vermuten. Jedoch sind seine Steckbrett-Bilder, wie auch die weiterer Nachahmer, nicht mehr von der vieldeutigen Qualität Hoogstratens: Reflektierte dieser noch in seinen Bildern seine eigenen gesellschaftlichen, literarischen und künstlerischen Ansprüche, wiederholte Collier häufig stereotyp die Gegenstände oder kombinierte sie schlicht mit neuen Objekten. Hiermit wollte er vor allem die Erwartungen seiner Käufer befriedigen. In der formal malerischen Qualität standen die nachfolgenden Maler dieses Genres Hoogstraten jedoch in nichts nach.

Analyse und Interpretation des Hauptbildes

Steckbrett, Augenbetrüger-Stillleben, 1666 – 1678

Bei dem „Steckbrett" handelt es sich um eine von Samuel van Hoogstraten entwickelte Variante des Trompe-L'œil-Bildes, das seinerseits eine Sonderform des Stilllebens darstellt.
Der verblüffende Effekt des Trompe-L'œil beruht auf einem perfekten Illusionismus, der charakterisiert ist von realistischen Größen- und Lichtverhältnissen, farblicher Stimmigkeit, Genauigkeit im zeichnerischen Detail und einem hohen Maß an Plastizität. Hinzu treten einige Kunstgriffe wie Überschneidungen, markante Schlagschatten und eine geringe Bildtiefe, die die gewohnte Tiefenraumwirkung umkehrt in Richtung des Betrachters: Während sich in „nor-

malen“ Bildern der Bildraum nach hinten zu öffnen scheint, das Bild also zum Guckkasten werden lässt, wird beim Trompe-L'œil die Bildebene, also die Leinwand, zum Bildhintergrund, vor dem sich die Gegenstände befinden, so dass sie in den Erfahrungsraum des Betrachters hineinzuragen, also greifbar nahe scheinen.
Indem die Malerei sich in höchster Perfektion zeigt, versucht sie sich gleichzeitig selbst zu verleugnen und will mit den realen Objekten verwechselt werden.
Es handelt sich also um ein intellektuelles, komplexes Spiel mit Schein und Wirklichkeit, den Möglichkeiten und Grenzen der Malerei.

Exkurs zur Perfektion in der Malerei
Die „perfekte Malerei“, die Illusion wurde bereits in der Antike thematisiert. Der Anekdote nach trugen um 400 v. Chr. Parrhasios (tätig 440–390 v. Chr.) und Zeuxis (435–395 v. Chr.) einen Malerwettstreit aus um zu entscheiden, wer täuschender malen könne:
„Zeuxis, der den Wettstreit begann, malte Trauben so täuschend echt, dass die Vögel herbeigeflogen kamen, um von ihnen zu naschen, und auf dem Bild herumpickten. Parrhasios wiederum stellte der Jury ein von einem Vorhang verhülltes Bild vor. Von Neugier geplagt, bat Zeuxis darum, den Stoff endlich beiseite zu ziehen, damit er das Bild betrachten könne. Man kann sich den Triumph des Parrhasios gut vorstellen, als der Diener, der den Vorhang lüften sollte, frische Farbe an den Händen hatte. Beschämt erkannte Zeuxis dem Parrhasios zu: Er selbst habe zwar mit seiner Malerei die einfältigen Vögel täuschen können, Parrhasios sei es jedoch gelungen, ihn, Zeuxis, als Künstler und Kenner der Malerei zu täuschen. Deshalb gebühre dem Rivalen der Lorbeer des Siegers.“ (Zitiert nach Eckhard Hollmann, Jürgen Tesch: Die Kunst der Augentäuschung. München; Berlin; London; New York: Prestel 2004, S. 5.)
Dieser kunsthistorische Hintergrund ist für das Verständnis des Bildes von Bedeutung, da sich Hoogstraten demonstrativ in diese Tradition stellte.

Das querformatige Gemälde zeigt eine große Anzahl von Dingen des persönlichen Gebrauchs, die sich von zwei waagerecht verlaufenden Lederriemen gehalten vor einem stoffbespannten Brett befinden. Das Brett wird gleichzeitig zum Rahmen.
Die auf den ersten Blick willkürlich erscheinende Ansammlung von Gegenständen erweist sich bei näherer Betrachtung als kalkulierte Selbstdarstellung, spürt man der symbolischen Bedeutung der Objekte nach: Die Schreibutensilien Feder, Siegelwachs und aufgerolltes Papier verweisen ebenso wie das rote Bändchen mit Aufschrift „Dorothee Treurspel“ und ein weiteres Werk, das sich unter dem Kamm befindet, auf zwei Theaterstücke des Künstlers, der neben seinen theoretischen Schriften auch als Dichter tätig war. Die Kämme, Seife und der Rasierpinsel beziehen sich vordergründig auf Körperpflege, stehen innerhalb des barocken Symbolkanons aber gleichzeitig für Reinigung der Seele und Ordnung der Gedanken, also Intellektualität. Diesem Bild folgt auch die Brille, die ein gängiges Symbol für den Maler bzw. dessen Klarsicht darstellt, während Schere und Messer im Sinne des Vanitas-Gedankens auf das Lebensende hinweisen.
Auffällig ist neben einer antiken Kamee eine Ehrenkette mit einer goldenen Medaille mit dem Bildnis Ferdinands des III., in dessen Dienst der Maler seit 1651 stand und die er von diesem als Anerkennung seiner Fähigkeiten als illusionistischer Maler erhalten hatte. Auf diesen Ruhm verweist das in der rechten oberen Ecke befindliche Billet. Der Text vergleicht van Hoogstraten mit Zeuxis: Dieser habe zwar mit täuschend echt gemalten Trauben die Vögel überlisten können, doch Hoogstraten sei es gelungen mit seiner Malerei den Kaiser zu täuschen („Der Herrscher aller Weltt/durch seines Pinsels Kunst in gleichem irthum fällt“. (Zitiert nach Stefan Grohé: Stillleben, München, 2004, S. 128).

Das Bild zeigt das selbstbewusste Porträt eines vielseitig begabten, reflektierten, intelligenten Malers auf der Höhe seines künstlerischen und gesellschaftlichen Erfolgs. Aus diesem Grund werden Gemälde dieser Art oft auch als „verstecktes“ Selbstporträt gesehen – die Dinge stehen für den Menschen.

Weiterführende Literatur:
- **Hollmann, Eckhard/Tesch, Jürgen: Die Kunst der Augentäuschung, München; Berlin; London; New York, Prestel 2004**
- **Grohé, Stefan: Stillleben. Meisterwerke der holländischen Malerei, München 2004**
- **Ausstellungskatalog: Das goldene Zeitalter der niederländischen Kunst. Gemälde, Skulpturen und Kunsthandwerk des 17. Jahrhunderts in Holland, Stuttgart, 2000**
- **Bauer, Hermann: Holländische Malerei des 17. Jahrhunderts (Heyne Stilkunde, Bd. 20), München, 1979**

Ich porträtiere andere

Hauptaufgabe: Fertige ein Porträt an.

Didaktischer Sinn der Hauptaufgabe

Die Hauptaufgabe zielt darauf, eine Person oder ein Tier zu porträtieren. Hintergrund und gleichzeitig inhaltliche Herausforderung ist der Aspekt der Begegnung zwischen zwei Lebewesen. Es geht weniger um ein stereotypes Erfassen von Gesichtszügen oder das formale Einüben von Gesichtsproportionen, als vielmehr darum, das Gegenüber sorgsam zu beobachten und aus der Beobachtung heraus (auch in Beziehung zu sich selbst) so darzustellen, dass das individuelle Aussehen und der Ausdruck des Gegenübers erfasst wird. Wesentlich ist sowohl die (individuelle) äußere Erscheinung als auch das, was sich von der „inneren Welt" des Modells darin zeigt. Es ist von Vorteil, wenn das Modell bekannt ist: die Eltern oder Großeltern, Freunde oder das Haustier. Es sollte eine originale Begegnung sein, d. h. kein Porträtieren von Fotos oder aus der Vorstellung.
Die zur Hauptaufgabe führenden inhaltlichen Aspekte des Kapitels werden in den Themenseiten entwickelt. Die Methodenseiten eröffnen die gestalterische Praxis. Die Hauptaufgabe bietet alternative gestalterische Umsetzungen und Differenzierungs- bzw. Erweiterungsmöglichkeiten an: Zeichnen mit Bleistift, Feder bzw. schwarzem Filzstift; farbige Ausgestaltung der Zeichnung (vgl. dazu Kap. 5); Fotografie; Beschreibung der Person oder des Tieres in einem Text (vgl. dazu Kap. 9).

Kernkompetenz: Ausdruckshafte Darstellungsfähigkeit
Das Kapitel eröffnet verschiedene Möglichkeiten, sich mit Porträtdarstellungen zu beschäftigen. Die Schüler können die Spezifik der Darstellungsweisen von Grafik und Fotografie anhand von Porträtdarstellungen kennen lernen und erproben. Die im Methodenteil des Kapitels zu erlernenden grafischen bzw. fotografischen Gestaltungsmittel sollen so eingesetzt werden, dass der Porträtierte in seiner Physiognomie (Gesichtsproportionen sowie äußerliche Erscheinung) wie in seinem individuellen Ausdruck (Mimik, Blick u. a.) erfasst wird. Gefordert ist – vor allem beim Zeichnen – ein komplexes Zusammenspiel von achtsamer Beobachtung des Gegenübers und dem Kennen und Anwenden von Darstellungsmöglichkeiten. Für Jugendliche dieses Alters ist es herausfordernd, die gewohnten grafischen „Darstellungsformeln" zu modifizieren und neue, aus der Beobachtung entwickelte Darstellungsmöglichkeiten zu erproben und zu habitualisieren.

Kernkompetenz: Wahrnehmungsfähigkeit und Empathie in der personalen Begegnung
Die Schüler lernen in diesem Kapitel einen anderen Menschen (zeichnerisch oder fotografisch) zu porträtieren. Sie erfahren, dass es dabei nicht nur um das Aussehen geht, sondern um das Zusammenspiel der inneren Welt eines Menschen (Gedanken, Wünsche, Gefühle, Haltung zur Welt und anderen Menschen) mit seinem äußeren Erscheinungsbild.

Zwar kann man das Innere eines Menschen nicht unmittelbar sehen - man kann beim Porträtieren nicht in jemanden hineinblicken - aber es zeigt sich im Blick, den Gesten und nicht zuletzt der Kleidung, dem Schmuck und den Gegenständen, die jemand benutzt. Das Äußere wiederum trägt zwar individuelle Züge, lässt sich aber immer auf Grundproportionen des Gesichts zurückführen. Im Porträtieren begegnen sich zwei Menschen. Eine besondere Rolle spielt dabei der Blick: das Anblicken und angeblickt werden. Schüler können auch erfahren, dass es beim Porträtieren um die intensive und einfühlsame Beobachtung geht wie auch um das Vermögen, das Beobachtete im Bild darzustellen. Sie können lernen, dass das Porträtieren eine Art Dialog zwischen dem Modell und dem Porträtierenden ist und die Betrachtungsweise des Porträtierenden mit einfließt.

Vorschlag für eine Unterrichtseinheit
Gesamtumfang 6 Doppelstunden und Hausaufgaben

1. Doppelstunde:
- Hauptbild von Albrecht Dürer: Erasmus von Rotterdam, um 1520 (S. 71): Bildgespräch, Einführung in das Kapitel
- erste Porträtzeichnungen, Zeichnen eines Arbeitspartners (Kohle oder Bleistift)
- Aufgabe zur selbstständigen Erkundung der Gesichtsproportionen eines Menschen

Hausaufgabe: Sammeln von gezeichneten oder fotografierten Porträts

2. Doppelstunde:
- Proportionen im Gesicht erfassen (S. 76)
- Gesichtsteile zeichnen (S. 77)
- Anfertigen eines Studienblattes

3. Doppelstunde:
- Porträtvergleich (S. 71–73) sowie der mitgebrachten Porträts; Herausarbeiten von: Figur-Umfeld-Verhältnis, Ansicht des Gesichts, Attribute des Porträtierten
- Bleistiftzeichnung des Arbeitspartners unter Berücksichtigung der Proportionen, Gesichtsteile sowie des Figur-Umfeld-Verhältnisses und möglicher Attribute

4. + 5. Doppelstunde:
- Hauptaufgabe: Porträtieren eines Partners als Federzeichnung
- Federzeichnung (S. 78/79) und ggf. Lavur
- Anfertigen eines Partnerporträts als Federzeichnung auf der Grundlage der Bleistiftzeichnung von Doppelstunde 3

6. Doppelstunde:
- fotografische Porträts (S. 80/81)

Erwartungshorizont und Durchführung der Aufgaben

Zur Verwendung des Hauptbildes (S. 71)
Das Bild wird an die Wand projiziert. Die Schüler können das Bild zunächst betrachten und Vermutungen darüber anstellen, was für eine Person das Porträt zeigt, wer porträtiert wurde und wie die Porträtsituation ausgesehen hat. Mögliche weitere Fragen:
- Sind sich Künstler und Modell in dieser Situation begegnet?
- Hatte das Modell viel Zeit?
- Warum hat der Mann eine Kappe auf und einen Mantel an?

Weiterführende Literatur:

- KUNST 5–10, Gesichter
- Krämer, Torsten: Porträtmalerei. Stuttgart, Düsseldorf, Berlin, Leipzig 1998
- Schneider, Norbert: Porträtmalerei. Köln, London, Madrid, New York, Paris, Tokyo 2002
- Sowa, Hubert/Uhlig, Bettina (Hg.): KUNST+UNTERRICHT 317/318/2008: Themenheft und Material Kompakt „Porträtieren"
- Sowa, Hubert: Das Porträt. Menschendarstellung in Kultur und Kunst. Stuttgart, Leipzig 2003
- Sowa, Hubert: Das Porträt. Lehrerband. Leipzig, Stuttgart, Düsseldorf 2004
- Zybok, Oliver: Von Angesicht zu Angesicht. Mimik – Gebärden – Emotionen. Leverkusen, Leipzig 2000

Hinweise zum KUNST Bildatlas:
Vgl. die Abb. auf den Seiten 37, 41, 44, 46/47, 60/61, 84, 102/103, 137, 149, 189, 193, 196/197, 204/205, 216, 219, 224, 227, 235, 236/237

Erste Kontextinformationen: Die Schüler betrachten nun das Bild im Buch und lesen den Textteil „Auf den ersten Blick" (S. 70). Einige ihrer Vermutungen/Beobachtungen bestätigen sich, neue Fragen tauchen auf und bieten neue Gesprächsanlässe. Der einleitende Text des Kapitels (S. 70) kann eine weitere Ebene der Themenöffnung bezogen auf das konkrete Porträt und darüber hinaus sein.

- *Ist dir schon einmal aufgefallen, dass sich dein Blick mit dem einer anderen Person oder eines Tieres trafen? Wie war das? Warum blickt uns der Mann auf diesem Porträt nicht an?*
- *Kennst du andere Porträts? Kannst du dich erinnern, wie das mit dem Blick auf diesem Porträt ist?*
- *Worauf achtest du, wenn du jemanden porträtierst? Zähle auf.*
- *Was ist das „Innere" einer Person? Eigentlich kann man es nicht sehen, weil man nicht in jemanden hineinsehen kann. Aber dennoch sind diese inneren Dinge manchmal sichtbar. Hast du solche inneren Dinge schon einmal jemandem angesehen?*
- *Wie wichtig ist es, jemanden gut zu kennen, bevor man ihn porträtiert?*
- *Was meinst du, kann man das Porträtieren üben? Was genau muss man üben?*

Mit der Frage „Wen möchtest du porträtieren?" wird abschließend der Bezug zur Lebenswelt der Schüler hergestellt.

Zur Verwendung der Doppelseite „Menschen porträtieren" (S. 72/73)

Auf der Doppelseite werden Darstellungsmöglichkeiten thematisiert und auf die Darstellung handelnder bzw. arbeitender Menschen hin konkretisiert. Das Erasmus-Porträt von Albrecht Dürer bezieht sich unmittelbar auf das Hauptbild des Kapitels (S. 71) (s. hier, S. 56 f. Informationen zum Bild). Im Bildvergleich können Unterschiede sowie zusätzliche Informationen zu ein und derselben Person herausgearbeitet werden.

Ein weiterer interessanter Bildvergleich ergibt sich durch die direkte Gegenüberstellung des Dürer-Stiches mit der Fotografie August Sanders (S. 72). Beide Bilder sind genau genommen Typendarstellungen (der Gelehrte, der Maurermeister).

Weitere Varianten zum Bildvergleich:

Betrachtendes Vergleichen:

- kompositorischer Bildaufbau (Größe und Position der Bildfigur, Verhältnis von Figur und Raum u. a.), z. B. über erklärende Zeichnungen oder Zeichnen auf Transparentpapier
- Beziehung zum Betrachter (Blick, Körperhaltung)

Spielerisch-handlungsbetontes Vergleichen:

- Nachahmen der Haltungen unter besonderer Berücksichtigung der Hände
- Nachstellen der Porträts
- Sammeln und Ordnen von Porträts handelnder/arbeitender Menschen

Gestaltungsentscheidungen bei der Porträtdarstellung:
Verhältnis/Größe des Porträts zum Bildrahmen
Gesicht
Brustbild/Büste
Halbfigur
Sitzbildnis
Ganzfigurenbildnis
Darstellung als historische oder biblische Figur

Darstellung
Frontalansicht (mit oder ohne Blickkontakt)
Dreiviertelprofil
Profil

Attribute
Kleidung, Frisur, Gegenstände

Zur Verwendung der Doppelseite „Tierporträts" (S. 74/75)

Zwischen diesen beiden Tierporträts spannt sich eine ganze Ikonografie von Tierporträts auf, die miteinander verglichen, gruppiert und geordnet werden können.

Beide Bilder bieten sich für Beschreibungen an, da beide erzählerische Zugänge eröffnen und Hinweise auf mögliche Situations- bzw. Handlungsbezüge beinhalten.

- *Ein prähistorischer Künstler konnte die großen Tiere (Haltung, Bewegung) nur von weitem studieren, etwa auf der Jagd. Nur selten hatte er die Gelegenheit, das Gesicht eines lebenden Tieres nah zu sehen. Er war darauf angewiesen, aus der Erinnerung und Vorstellung zu arbeiten. Die Höhlenbilder zeigen die Tiere dennoch oft lebensgroß.*
- *Auch Albrecht Dürer hatte es nicht leicht. Denn exotische Tiere gab es nur an wenigen Orten in Europa – sie wurden in so genannten Menagerien (heute: Zoo) zur Schau gestellt. In Nürnberg, wo Dürer wohnte, gab es keine Menagerie. Ab und zu wanderten Schausteller durch Europa und zeigten den staunenden Menschen Tiere aus fremden Teilen der Welt, allerdings waren das keine Raubtiere. Es ist nicht bekannt, ob Dürer jemals einen lebenden Löwen gesehen hat. Wie könnten die Löwenporträts also entstanden sein?*

Tiere zeichnen: Am besten ist die originale Begegnung mit Tieren durch einen Zoobesuch. Alternativ kann ein Haustier (Katze, Hund, Huhn) oder ein Präparat aus der Schulsammlung gezeichnet werden. Wichtig ist auch hier, sowohl das Äußere des Tieres (Körperkontur, Kopf bzw. Gesicht) als auch den wesentlichen Ausdruck zu erfassen. Das kann z. B. über die Darstellung von markanten Merkmalen (scharfe Zähne, blitzende Augen) erfolgen.
Eine gestalterische Herausforderung ist die Tierdarstellung in Lebensgröße, die in Gruppenarbeit realisiert werden sollte. Ausgangspunkt sind kleine Zeichnungen (DIN A4), die dann mittels eines Rasters oder einer Projektion vergrößert und (auf eine Mauer oder Wand) übertragen werden (vgl. Kap. 13, S. 162 f.).

Ein weiterer Vergleich bietet sich zwischen den Portäts von Dürer an: Erasmus von Rotterdam (S. 71 f.) und Porträt eines Löwen (S. 75).

Zur Verwendung der Doppelseite „Proportionen im Gesicht erfassen" (S. 76/77)
In Übung 1 geht es zunächst darum, die Proportionen des Gesichtes zu studieren. Schüler können sich am abgebildeten Schema orientieren und/oder selbst Proportionen an einem Modell erkunden (z. B. durch Ausmessen mit dem Lineal oder einem Fingermaß, Abb. [7]). Besondere Schwierigkeit: gedrehter Kopf (Dreiviertelprofil), Blick nach oben oder unten.

[1] Ergebnisse der Partnerarbeit: Schüler beobachten und zeichnen ihren Partner, nachdem sie die Gesichtsproportionen erkundet haben.

[2] Portätieren nach „Diktat": Der Lehrer sitzt Modell. Während die Schüler zeichnen, kommentiert der Lehrer und unterstützt damit die Beobachtung von Nase, Augen, Bart usw. (vgl. KUNST+UNTERRICHT, 317/2007, S. 33–35).

In Übung 2 lernen Schüler Gesichtsteile genau zu beobachten und zeichnerisch wiederzugeben.

- Um die in diesem Alter oft stereotypen „Darstellungsformeln" zu flexibilisieren und zu modifizieren, sollte eine konkrete Person studiert und gezeichnet werden.
- Es sollte die Möglichkeit bestehen, den Partner genau und ausgiebig zu beobachten, vielleicht sogar mit einer Lupe.
- Es sollte ein Studienblatt mit vielen Einzelzeichnungen entwickelt werden.
- Eine besondere Schwierigkeit kann die untypische nichtfrontale Ansicht von Gesichtsteilen sein.

Zur Verwendung der Doppelseite „Mit der Feder zeichnen" (S. 78/79)

- Kennenlernen der Spezifik der Federzeichnung. Differenzierung: Lavur anhand der lavierten Federzeichnung von Käthe Kollwitz (Abb. 9–12).

[3] Ergebnisse der Partnerarbeit: Die Schüler beobachten genau die Gesichtsteile des Gegenübers und geben sie zeichnerisch wieder.

- Über die Kontur hinaus arbeiten – Entwicklung eines „grafischen Duktus".
- Besondere Herausforderung: Haare, Haut, Falten u. a. grafisch darstellen.

Zur Verwendung der Doppelseite „Porträts fotografieren" (S. 80 / 81)
Charakteristisch für die spontane Fotopraxis von Jugendlichen ist, dass das Motiv in der Regel in die Mitte des Bildfeldes gerückt und dort möglichst vollständig abgelichtet wird. Dagegen wird hier in die Gestaltungsmittel der Fotografie eingeführt. Schwerpunkte sind:
- fotografische Gestaltungsmittel (Schärfe-Unschärfe, Beleuchtung, Blickwinkel und Perspektiven, Zoom)
- Bildkomposition (Position des Motivs zum Betrachter, Vorder- und Hintergrund)
- Bildausschnitt (Motiv im Bildfenster, Anschnitte)
- „Bildsehen" anstatt „Motivsehen"
- Arrangieren der zu porträtierenden Person im Bildfeld (Einzelporträt)

Präsentation aller Portäts als Klassenporträt (Gruppenporträt) – Anordnungsmöglichkeiten:
- Reihung
- Gruppierung (z. B. Vierergruppen)
- Tableau

Zusätzlich können die Schüler auf dieser Seite lernen, ein Passepartout anzufertigen (s. Tipp zu 2, S. 81).

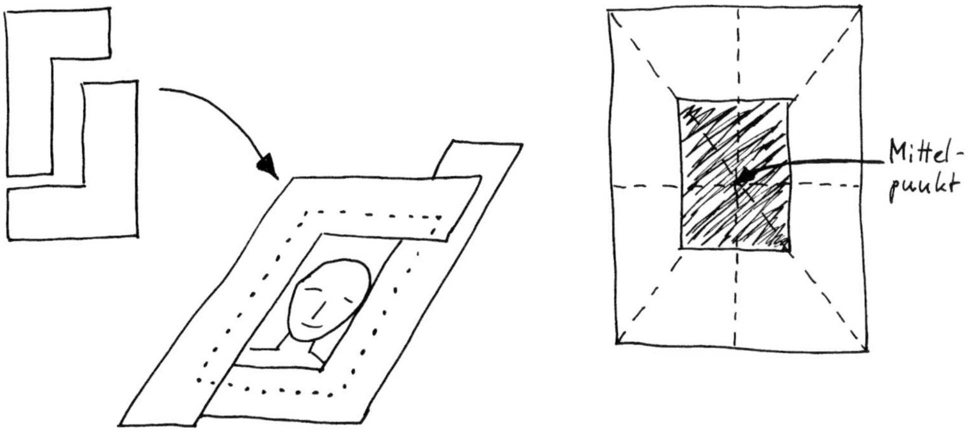

[4] Mit Hilfe von zwei Winkeln aus Papierstreifen kann man das passende Format finden.

Anschließend wird das Passepartout geschnitten:
- über die Diagonale den Mittelpunkt des Blattes finden
- vom Mittelpukt aus Maße des Fensters markieren
- mit Cuttermesser Fenster ausschneiden

Zum Hauptbild

Biografische Hinweise
Albrecht Dürer wurde 1471 in Nürnberg geboren. Er war nicht nur ein Maler und Grafiker von europäischem Rang sondern auch Kunsttheoretiker und Mathematiker in der Zeit des Humanismus und der Reformation. Er verbrachte seine Lehrjahre in der Kunstwerkstatt seines Vaters. In seinen frühen Schaffensjahren beschäftigte er sich überwiegend mit Porträts und Selbstporträts, die er hauptsächlich in Kupferstich und Holzschnitt ausführte. Er gelangte in diesen Disziplinen zur höchsten Meisterschaft. Später kamen zunehmend Altarbilder hinzu.
Seine Reisen führten ihn nach Italien und in die Niederlande. In den Jahren vor seinem plötzlichen Tod setzte er sich zunehmend mit der Kunsttheorie auseinander. Er verstarb 1528 an seinem Geburtsort.

Analyse und Interpretation
Albrecht Dürer wurde von Erasmus von Rotterdam um ein Porträt gebeten. Aus diesem Grund traf Dürer auf einer Reise durch die Niederlande im Jahr 1520 Erasmus von Rotterdam persönlich und fertigte mehrere Porträtzeichnungen an, von denen heute nur noch eine existiert – die Kohlezeichnung, das Hauptbild dieses Kapitels.
Die Kohlezeichnung war Vorarbeit für den Kupferstich (S. 72), den Dürer jedoch erst sechs Jahre nach seiner Begegnung mit Erasmus von Rotterdam im Jahre 1526 fertigstellte. Die beiden Bilder stehen deshalb in unmittelbarem Zusammenhang. Die Gründe für die lange Verzögerung der Ausführung des Porträts sind nicht bekannt. Bemerkenswert ist indes, dass dieser Kupferstich Dürers der letzte vor seinem Tod war, wie auch einer seiner größten (24,9 x 19,3 cm) und zudem das einzige der zahlreichen Bildnisse in Dürers Gesamtwerk, das die porträtierte Person bei einer Tätigkeit zeigt. Es ist überliefert, dass Erasmus von Rotterdam nicht vollauf zufrieden mit dem Porträt war. Zwar lobte er Dürer in einem Brief für das Bildnis, wies jedoch auf die unzureichende Ähnlichkeit hin. Er schrieb weiter, dass dies nicht verwunderlich sei, weil er nicht mehr die Person sei, die Dürer vor sechs Jahren gezeichnet hatte. Die Differenz der beiden Porträts hat jedoch nicht nur damit zu tun, dass sich der Gelehrte in sechs Jahren verändert hat. Der wesentliche Unterschied zwischen den beiden Porträts besteht vielmehr darin, dass die Kohlezeichnung ein unmittelbares und intuitives, aus der Beobachtung heraus gezeichnetes Porträt im Rahmen einer persönlichen Begegnung ist. Der Kupferstich hingegen entstand in Abwesenheit der porträtierten Person. In diesem Bild überlagern sich Erinnerung und Wissen über Erasmus von Rotterdam und möglicherweise sogar die Kenntnis von Erasmus-Bildnissen anderer Künstler (z. B. von Hans Holbein d. J., Quentin Massys oder auch Metsys). Dürer ging es bei seinem Bildnis offensichtlich weniger um Ähnlichkeit, als vielmehr darum, Erasmus von Rotterdam als Gelehrten zu zeigen. Deshalb ist der Kupferstich nicht nur das Porträt einer konkreten Person, sondern zugleich ein Typenbild: das Gelehrtenbild.

Die Kohlezeichnung ermöglicht es dem Betrachter, sich in den Zeichner hineinzuversetzen. Mit vorsichtigen, offenen Linien und nur angedeuteten Schraffuren versuchte Dürer, Erasmus von Rotterdam zu erfassen. Zwar geht es durchaus um das Wiedergeben der Gesichtszüge und auch der Kleidung (die Zeichnung diente auch als eine Art Erinnerungsstütze für den späteren Kupferstich), gleichermaßen ist wahrzunehmen, dass Dürer zeichnend nach dem Wesen des Gelehrten „suchte". Denn bemerkenswert ist, dass Dürer hier anders zeichnete, als man das von vielen seiner Zeichnungen kennt, in denen er mit klaren und präzisen Konturen arbeitete (vgl. Abb. [5], S. 75 und [2], S. 72). Es gibt nicht viele Zeichnungen von Dürer, die eine solche Sensibilität und Emotionalität in der Linienführung zeigen (vgl. das Bildnis seiner Mutter von 1514, Kohle auf Papier). Nur wenige Linien dieser Kohlezeichnung sind klar definiert – die meisten könnten jederzeit überarbeitet werden (es wird sogar angenommen, dass die Zeichnung unfertig blieb). Auch zeigte er Erasmus von Rotterdam nicht in einer repräsentativen Geste, sondern so, als ob er ihn während des Nachdenkens oder Lesens beobachtet. Der Gelehrte blickt nach unten (evtl. auf ein Buch, das unterhalb des Bildrandes liegt), wirkt konzentriert und in seine Gedanken versunken. Sein Gesicht hat weiche, freundliche Züge, den Mund umspielt ein Lächeln, die eigentlich große Nase (die man auf vielen anderen Porträts deutlich sieht) fällt durch die fast frontale Aufsicht kaum auf, die Kleidung umfließt und rahmt das Gesicht. Einerseits liegt dieser Art der Darstellung eine bewusste Bildentscheidung zugrunde, andererseits lässt sich vermuten, dass Dürer dieses Bildnis aus einer unmittelbar erlebten Situation heraus gezeichnet hat und dass er Erasmus von Rotterdam wirklich in dieser Verfassung beobachten konnte. Auch ist bekannt, dass Dürer Erasmus von Rotterdam als großen Humanisten verehrte und deshalb eine besondere Beziehung zu ihm hatte.

Ganz anders als die Kohlezeichnung ist der Kupferstich (S. 72). Er ist in drei Bildebenen unterteilt. Die erste Bildebene, der Vordergrund, wird durch eine horizontal zum unteren Bildrand verlaufende Ablage mit Büchern dargestellt, die den Betrachter regelrecht aus dem Bildraum ausgrenzt. Im Mittelgrund steht der Gelehrte an einem Tisch. Das Gesicht ist zum Dreiviertelprofil gedreht. Er trägt einen Doktorhut, sein weiter Talar wirft viele Falten und umschließt den Körper von den Handgelenken bis hoch in den Nacken. Das Gesicht zeigt jene große kantige Nase (die als Zeichen von Spitzfindigkeit, Kritik- und Spottfreudigkeit gedeutet wird) sowie ein hervorspringendes Kinn und markante Falten. All das ist auf der Kohlezeichnung so nicht zu sehen. Während die Kohlezeichnung ein Brustbild ist, zeigt der Kupferstich ein Halbporträt. Dadurch werden auch die Hände sichtbar. Der Gelehrte schreibt vermutlich einen Brief, seine rechte Hand hält einen Griffel, seine linke ein Tintenfass. Die Hände (die für das Handeln stehen) stellen das kompositorische Zentrum des Bildes dar. Das Porträt ist mit zahlreichen Attributen angereichert, die jeweils symbolische Bezüge aufzeigen. So auch der Tisch, auf dem eine antikisierte Vase (Hinweis auf die Antike) mit Maiglöckchen (Symbol der Schönheitsliebe, Bescheidenheit, Reinheit) steht. Die Gegenstände charakterisieren Erasmus von Rotterdam als Gelehrten und Humanisten. Dürer stellte – anders als in der Kohlezeichnung – weniger das Aussehen, als vielmehr die Tätigkeit bzw. Verdienste dar. Das wird besonders deutlich auf der dritten Bildebene, dem Hintergrund. Hier platzierte Dürer eine große Tafel, deren Aufschrift einen Hinweis auf die Doppelfunktion des Porträts gibt als Bildnis und als Repräsentation einer geistigen Haltung: „Bildnis des Erasmus von Rotterdam. Von Albrecht Dürer nach dem Leben gezeichnet. Das bessere Bild von ihm zeigen seine Werke.“

Bilder zum Bildvergleich:

- **Jan van Eyck: Kardinal Albergati, um 1438 (repräsentatives Porträt)**
- **Matthias Grünewald: Kopf eines Schreienden, 1512 (Emotionalität, Expressivität, Steigerung des mimischen Ausdrucks durch Blickwinkel und Bewegung – aber kein Porträt)**

Ich halte Bewegung fest

Hauptaufgabe:
Zeige Bewegungen im Bild.

Didaktischer Sinn der Hauptaufgabe

Die Darstellung von Bewegung im Bild erfordert ein ästhetisches Bewusstsein für Bewegungsqualitäten sowie die differenzierte Wahrnehmung und Imagination realer oder möglicher Bewegungssituationen. Für ihre Darstellung müssen ein geeignetes Bildkonzept (Einzelbild oder Bildfolgen), adäquate Verfahren, Strategien und wirksame bildsprachliche Mittel gefunden werden.

Kernkompetenz: Differenzierte Raum-Zeit-Wahrnehmung
Die Wahrnehmung von „Bewegung", von Ereignissen und Veränderungen ist komplexer und vielfältiger – insofern schwieriger – als etwa die Wahrnehmung von Farben und Formen. Bewegung ereignet sich als Ortsveränderung im Raum, aber auch als Veränderung in der Zeit. Darüber hinaus stellt der lebendig bewegte Körper von Tieren und Menschen hohe Anforderungen an das Beobachtungs- und Unterscheidungsvermögen. Die bewusste und intensive Beobachtung und Unterscheidung von Bewegungen und Veränderungen erfordert eine ästhetische Umstellung unserer alltäglichen Wahrnehmung, und sie stellt hohe Anforderungen an Geduld und Vorstellungsvermögen. Um das Wahrnehmungsvermögen auf diesem Feld auszudifferenzieren, muss man vor allem auch das sprachliche Unterscheidungsvermögen und die Imagination entwickeln.

Kernkompetenz: Zeit- und Bewegungsdarstellung
Die bildliche Darstellung von Bewegung erfordert zunächst die Fähigkeit, sich den Bewegungsablauf vorstellen zu können. Dazu gehört, zu unterscheiden, was konstant bleibt und was sich verändert. Die Schüler verfügen bereits über einfache Bildzeichen (wie z. B. Bewegungslinien, die so genannten Speedlines aus Comics) für die Darstellung bewegter Objekte. Solche Chiffren für (schnelle) Bewegungen sollen erweitert werden durch bildsprachliche Mittel und Bildstrategien, die Bewegung nicht nur bezeichnen, sondern wirksam als Eindruck im Bild erzeugen und unterschiedliche Bewegungsqualitäten vermitteln können. Strategien und Bildkonzepte zur Darstellung von Bewegungsabläufen bedeuten gleichzeitig die Möglichkeit, Zeit in einem statischen Medium wahrnehmbar zu machen.

Vorschlag für eine Unterrichtseinheit
Gesamtumfang 6–8 Doppelstunden und Hausaufgaben

1. Doppelstunde: Bildbetrachtung David Hockney: A Bigger Splash, 1967 (S. 83)
a) Was zeigt das Bild – und was stellen wir uns vor?
b) „Film vor- und zurücklaufen lassen", Vorher/Nachher in retuschierte Kopien des Bildes (ohne „Wasserspritzer") hineinzeichnen
Hausaufgabe: Bilder mit Momentaufnahmen von Bewegungen suchen

2. Doppelstunde: a) Vergleich der Bewegungssituationen bei Hockney, Vermeer und Turner (S. 83, 84, 86)
b) sich jeweils ähnliche Bewegungen ausdenken
c) mitgebrachte Bilder vergleichen, (zu)ordnen:
- nach den dargestellten Bewegungen
- nach der Art der Darstellung

3. Doppelstunde: Übungen zu Bewegungsabläufen – alltägliche Bewegungsabläufe pantomimisch variieren: schneller, langsamer, stetig, rhythmisiert, weiträumiger, enger
Ablauf in Bewegungsphasen fotografieren
- Welche Bildfolgen erklären den Ablauf am besten?
- Welches Einzelbild vermittelt den Bewegungseindruck am besten?

4. Doppelstunde: Vorübung zur Hauptaufgabe: Papierschnipsel und/oder Papierfigur auf OHP und/oder Kopierer „in Bewegung versetzen",
Ideen und Entwürfe für das eigene Bildvorhaben entwickeln

5. Doppelstunde: Hauptaufgabe: Eine Bewegung im (Einzel-) Bild zeigen (Zeichnung)

6.–8. Doppelstunde: Weiterführung: fotografische Mittel der Bewegungsdarstellung und/oder „Daumenkino"

Erwartungshorizont und Tipps zur Durchführung der Aufgaben

Als Betrachter kennen die Schüler Einzelbilder und Bildfolgen als Konzepte zur Bewegungsdarstellung. Sie „lesen" sie selbstverständlich, durchschauen aber noch nicht, wie der Eindruck von Bewegung im Bild wirksam erzeugt wird. Beim Zeichnen verwenden sie isolierte Bewegungszeichen, z. B. Speedlines. Bildmittel und -strategien werden aber noch nicht gezielt im Hinblick auf visuelle Wirksamkeit eingesetzt.

Hinführung zur Hauptaufgabe:
Zur ästhetischen Sensibilisierung für Bewegungsqualitäten in ihrer räumlichen und zeitlichen Struktur bedarf es methodisch Phasen der
- eher analytischen Beobachtung,
- Erinnerung und Imagination von erlebten Bewegungsabläufen,
- der nachvollziehenden Einfühlung,
- des Erfindens, Erprobens und Variierens von Bewegungsabläufen.

Ausgangspunkte können Bildbeispiele aus Kunst oder Massenmedien sein oder Alltagserfahrungen der Schüler: Körperbewegungen (vgl. Kap. 3) oder alltägliche Situationen wie Bewegungsströme auf dem Pausenhof.

Hinweise zum KUNST Bildatlas:
- **Henri Cartier-Bresson: Place de L'Europe, S. 67**
  - **Welcher Moment ist als Einzelbild am wirksamsten?**
  - **Kompositionelle Mittel: Position des bewegten Objekts im Format, Richtungskontraste**
  - **Woran erkennt man schnelle Bewegungen einer Figur?**
- **Alberto Giacometti: Der Platz, S. 53**
  - **Wodurch entsteht der Eindruck unterschiedlich schneller Bewegungen (Neigung und Schwerpunktverlagerung des Körpers)**

Zum Vergleich:
- **Umberto Boccioni: Formeneinheit von Bewegung im Raum, S. 52 und Nike von Samothrake, S. 229**
- **S. 90 Abb. a–c: simultane Darstellung, Formwiederholung und Phasenzerlegung**

An den Werkbeispielen und Übungen im Arbeitsbuch lassen sich wesentliche ästhetische Qualitäten von Bewegungen und Möglichkeiten ihrer Darstellung im unbewegten Bild erarbeiten: Bewegung entsteht erst in einer Relation zu einem Raum, zu einer als Bezugssystem betrachteten Umgebung und als situative Veränderung in der Relation zu Zeit.

Die Auseinandersetzung mit Bewegungsdarstellung kann unterschiedlich motiviert sein: Bewegungsabläufe können witzig oder dramatisch sein, so dass es eine Herausforderung ist, im unbewegten Bild etwas von diesem Witz oder von der Spannung zu vermitteln (vgl. KUNST Bildatlas S. 66/67).
Bewegungsabläufe können aber auch kompliziert und schwer zu durchschauen sein - dann liegt die Herausforderung im Erforschen und Zeigen, was man darüber herausgefunden hat (vgl. Abb. [3-5], S. 85-87).

Ausführung der Hauptaufgabe (S. 87)
Die Aufgabenstellung ermöglicht motivisch und bildstrategisch sehr unterschiedliche Vorhaben. Der „Tipp zur Hauptaufgabe" gibt erste Impulse für noch zu konkretisierende Bewegungssituationen, die man sich ausdenken oder untersuchen kann. Die bildliche Darstellung erfordert eine Klärung des Bewegungsablaufs und den Aufbau einer dichten Vorstellung dessen, was dargestellt werden soll durch Beobachtung, Erinnerung, Imagination, Einfühlung und Erprobung.

Um wirksame kompositorische Mittel zu erproben, können Papierschnipsel oder Papiergliederpuppen in einem Bezugsrahmen „in Bewegung versetzt" werden - am OHP oder auf dem Fotokopierer zur Dokumentation verschiedener Lösungen: Wie entsteht der Eindruck von Fliegen, Rennen, Stolpern, Stürzen, Fallen durch Neigung, Schwerpunktverlagerung und Position im Bildformat? (Vgl. KUNST Bildatlas S. 52 f. und 66 f.)

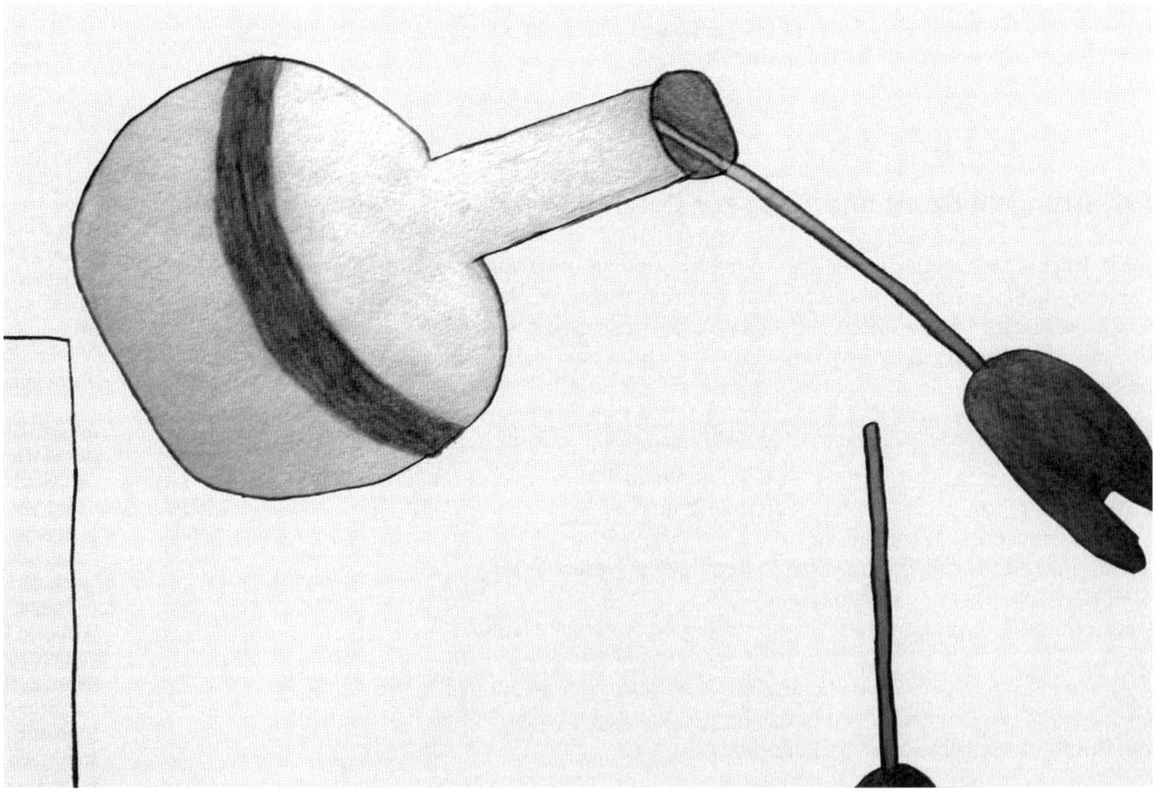

[1]

[1-3] Schülerarbeiten einer 5. und 6. Klasse: Es handelt sich hier um Kompositionszeichnungen, in denen die Bewegung durch geeignete Bildkomposition dargestellt wird.

[2]

[3]

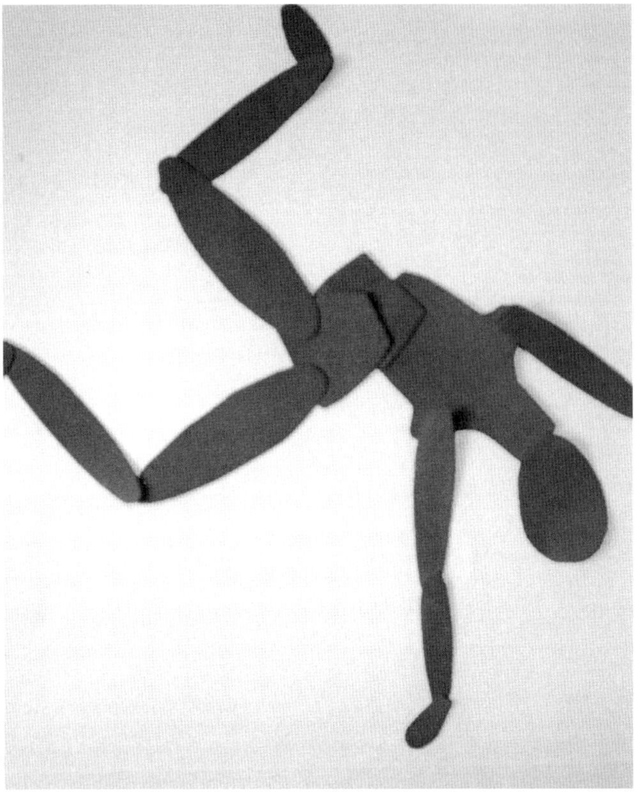

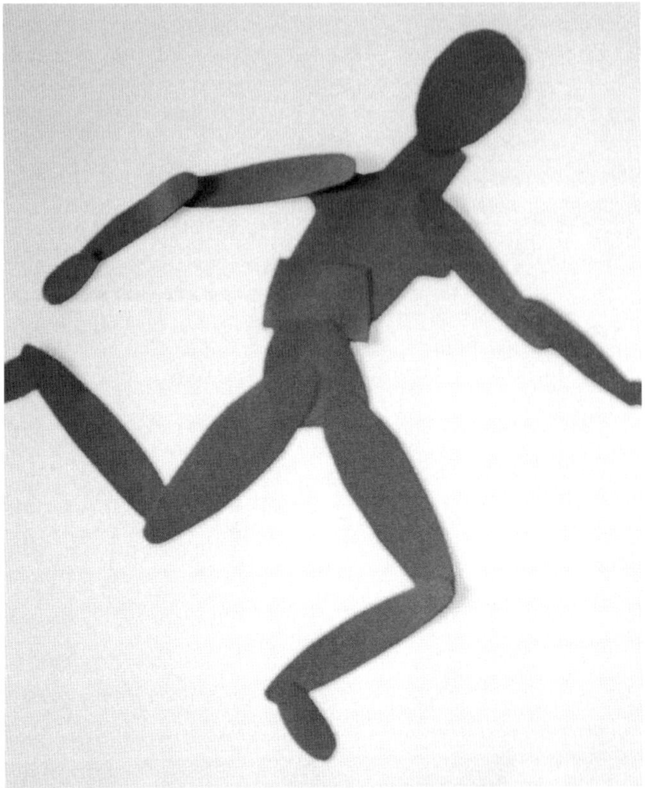

[4] Schülerarbeiten einer 5. und 6. Klasse: Mit Hilfe von beweglichen Gliederfiguren lassen sich Bewegungen des Körpers nachvollziehen. Man kann die verschiedenen Stadien zeichnerisch oder in Schablonenspritz- oder -maltechnik festhalten und kommt so zu einem phasenverschobenen und überlagerten Bild der Bewegung der Gliedmaßen (nach dem Muster der Futuristen oder der frühen Bewegungsfotografie). Eine entscheidende Steigerung der Komplexität der Gestaltungsprobleme bestünde darin, den gehenden oder springenden Körper und die dazu gehörige Doppelbewegung von Gliedmaßen und Gesamtkörper darzustellen: Die gesamte Figur bewegt ihre Beine und verschiebt sich dabei im Format.

Animation (Übungen 1 und 2, S. 92/93)

Die Animation von Bildern im Computer eröffnet ausgezeichnete gestalterische Möglichkeiten für die Auseinandersetzung mit Bewegung. Will man sich nicht sofort an echte Animationsprogramme heranwagen, kann man zur Einführung auch normale Präsentationsprogramme (wie Powerpoint) verwenden. Dort ist die Animation sowohl von Fotos, als auch von gezeichneten und eingescannten Figuren oder Dingen möglich. Auch Gliederpuppen aus Papier könnten mit Hilfe eines Scanners digitalisiert und dann als Bildfolge animiert werden. Ebenso möglich ist die Animation von abstrakten Bildelementen, die mit dem Zeichenprogramm generiert werden können. Schon mit Hilfe von zwei, drei oder vier verschobenen Bildern kann ein elementarer Eindruck von Bewegung erzeugt werden. Auch die Hinzufügung von Sound ist dort problemlos möglich. Wichtig ist der kompositorisch überlegte Umgang mit dem Kontrast zwischen bewegten und starren Bildteilen.

Zu den Bildbeispielen

David Hockney inszeniert in „A Bigger Splash" von 1967 (S. 83) Bewegung als unvermittelte Störung einer völlig unbewegten Umgebung. Er setzt ein statisches, streng orthogonales System aus homogenen Farbflächen gegen einen lokal begrenzten, dynamischen Bildbereich aus Punkten, Linien und Flächen, die mit Verdichtungen und einem aufbrechenden Richtungsgefüge wie Bewegungsspuren erscheinen. Der statische Rahmen ist gleichsam die Bühne für die sich darin ereignende Bewegung.

Auch **Jan Vermeer** kontrastierte in seinem Gemälde „Dienstmagd mit Milchkrug" von 1658/1660 (S. 84) eine ganz ruhige, unbewegte Umgebung mit einer eng begrenzten Bewegungszone. Hier verstärkt die gezeigte stetige Bewegung als Hinweis auf verrinnende Zeit die über allem liegende Ruhe.

William Turner erzeugte dagegen in seinem Werk „Van Tromp going about to please his master - ships at sea getting a good wetting" von 1844 (S. 86) eine umfassende Bewegungssituation ohne Halt gebendes Bezugssystem. Der Betrachter bekommt zwar durch den Horizont indirekt einen Standpunkt zugewiesen - gleichzeitig wird er ihm aber entzogen, weil auch die „Bodenfläche" in Bewegung ist und damit auch den Betrachter erfasst.

Die drei Maler nutzten unterschiedliche Strategien, um flüchtige Seheindrücke im Bild festzuhalten. Turner setzte dabei zu Beginn des 19. Jahrhunderts ganz auf die intensive subjektive Erfahrung. Hockney und Vermeer nutzten dagegen die optischen Hilfsmittel ihrer Zeit: Hockney verwendet Fotografien, Vermeer vermutlich eine Camera Obscura. Seine aus der Ferne sehr präzise erscheinende Malerei erweist sich in der Detailstruktur als überraschend abstrahiert, wie das dem Projektionsbild einer Camera Obscura entspricht.

Weiterführende Literatur:

- Knight, Christopher: Vermischte Ansichten: Themen und Motive in Hockneys Kunst, in: David Hockney. Eine Retrospektive, hg. von Maurice Tuchmann und Stephanie Barron, Köln 1988, S. 23–38
- Johannes Vermeer, hg. von Arthur K. Wheelock Jr., Stuttgart/Zürich 1995
- Roters, Eberhard: Jenseits von Arkadien. Die romantische Landschaft, Köln 1995

Hinweise zum KUNST Bildatlas:

- Jean Tinguely: Balouba Nr. 3, S. 43
- Auguste Rodin: Der Schreitende, S. 52
- Umberto Boccioni: Formeneinheit von Bewegung im Raum, S. 52
- Alberto Giacometti: Der Platz, S. 53
- Marcel Duchamp: Akt, eine Treppe hinabsteigend, S. 90
- Eadward Muybridge: Eine Frau leert einen Eimer Wasser, S. 91
- Constantin Brancusi: Der Vogel im Raum, S. 94
- Wassily Kandinsky: Improvisation 12 (Reiter), S. 97
- Henri Matisse: La danse (Der Tanz), S. 101
- Edvard Munch: Der Schrei, S. 111
- Henri de Toulouse-Lautrec: Moulin Rouge, La Goulue, S. 117
- Giovanni Lorenzo Bernini: Apollo und Daphne, S. 157
- Tizian: Assunta, Himmelfahrt Mariä, S. 177
- Tanzender Gott Shiva, S. 213
- Mosaikstandarte aus einem Fürstengrab in Ur, S. 239

Ich erfinde, konstruiere, baue

Hauptaufgabe: Erfinde, konstruiere und baue das Modell eines fantastischen Bauwerks oder Fahrzeugs.

Didaktischer Sinn der Hauptaufgabe

Es handelt sich um eine Einstiegsaufgabe in den Bereich Architektur/Modellbau, die imaginative, gestalterische und handwerkliche Anteile vereint. Die Schüler sollen eine komplette technische Konstruktion durchdenken und aus Modellbaumaterialien bauen.
An dieser Aufgabe können methodisches konstruktives Denken, räumliches und konstruktives Vorstellungsvermögen sowie handwerkliche Arbeit erlernt werden. Außerdem führt sie in die Auseinandersetzung mit architektonischen Konstruktionsmethoden und Gestaltstrukturen der Vergangenheit (Fachwerk) und Gegenwart (Stahlskelettbau) ein, ebenso in Methoden des technischen Fahrzeugbaus und Designs (Flugzeuge, Autos, Schiffe usw.).
(Weitere Einstiegs- und Durchführungsvarianten befinden sich auch in der Einleitung in diesem Band.)

Kernkompetenz: Raumvorstellungsvermögen
Das Vorstellen von Körpern oder Dingen in ihrer Räumlichkeit ist eine hochgradig imaginative Leistung, die ständig unbewusst abläuft, die aber zugleich gestärkt und gefördert werden kann, vor allem durch Darstellungsübungen. Einen Stuhl anzuschauen und sich vorzustellen, wie er aus einer anderen Perspektive aussieht, erfordert eine komplexe Operation. Ebenso komplex als „innere" imaginative wie als „äußere" darstellerische Operation verlaufen Übersetzungsprozesse etwa aus dem dreidimensionalen Bild in eine zweidimensionale Planzeichnung oder umgekehrt.

Kernkompetenz: Handwerklich-konstruktive Fähigkeiten
Handwerklich-konstruktive Werkvorgänge erfordern die Fähigkeit zur antizipierenden Vorstellung des Endproduktes sowie zur – daraus abgeleiteten – Planung einzelner Schritte. Es geht hier also um ein komplexes prozessuales Vorstellen und Denken. In der Ausführung sind handwerkliche Geschicklichkeit, Arbeitskonsequenz, Präzision und Disziplin gefordert, aber auch die Fähigkeit zu experimentellem Verhalten und zum kreativen Reagieren auf auftretende Probleme.

Weiterführende Literatur:
- Kälberer, Günther: Bauen und räumliches Gestalten im Kunst- und Werkunterricht, Arbeitsanregungen für die Sekundarstufe I und II, Donauwörth 2005
- KUNST+UNTERRICHT 302/304/2006, Zeichnen: Sachen klären und verstehen
- Maar, Paul: Türme. Ein Sach- und Erzählbuch von berühmten und unbekannten, bemerkenswerten und merkwürdigen Türmen, Hamburg 1987

Hinweise zum KUNST Bildatlas:
- S. 80/81: Der Tatlin-Turm
- S. 86/87 und 88/89: Der Eiffelturm im Bild
- S. 202/203: Skelettkonstruktionen der Gotik

Vorschlag für eine Unterrichtseinheit
Gesamtumfang 6 Doppelstunden und Hausaufgaben

1. Doppelstunde:	a) Zeichenübung „Planzeichnungen" zum Stuhlfoto	45 min.
	b) Übungen zur Bemaßung, Versuche zum Schrägbild	45 min.
	Hausaufgabe: Erprobung an einem Möbelstück zu Hause	
2. Doppelstunde:	a) Hochsitz: zeichnerische Analyse und Schrägbild	60 min.
	b) Anwendung auf Fachwerkhaus oder Hochspannungsmast und/oder Tatlin-Turm	30 min.
	Hausaufgabe: Material- und Werkzeug besorgen	
3. Doppelstunde:	Baumodell Hochsitz in Partnerarbeit	90 min.
	Hausaufgabe: evtl. Fertigstellung, Materialbesorgungen für Hauptaufgabe	
4. + 5. Doppelstunde:	Hauptaufgabe: Turm oder Fahrzeug, evtl. Partner- oder Gruppenarbeit	90 min.
	Hausaufgabe: evtl. Fertigstellung	
6. Doppelstunde:	Schlussbesprechung, Schlusspräsentation, Anlegen eines Portfolios/Projektberichtes	45 + 45 min.

Erwartungshorizont und Tipps zur Durchführung der Aufgaben

Vorbereitung der Hauptaufgabe

Die zu vollbringende Hauptleistung besteht darin, utopisch-imaginatives Denken und konkret-konstruktives Denken in einer „baubaren" Modellkonstruktion zusammenzuführen. Wichtig ist die gedankliche Beherrschung der Prinzipien des verstrebten Skelettbaus.
So scheint es notwendig, die Übungsseiten 104/105 durchgearbeitet zu haben, um mit ihrer Hilfe die Aufgaben auf den Seiten 100/101 zu bearbeiten. Die Übungsseiten 106/107 können dann die Arbeit am Modellbau begleiten. Sie sind notwendig, damit der Modellbau gestalterisch nicht zu grob und undifferenziert ausfällt.
Die Übung mit dem Stuhl (S. 102/103) ist auch als zeichnerisch-analytische Einstiegsaufgabe geeignet. Die daran anschließende komplexere Aufgabe mit dem Hochsitz (S. 104/105) kann dann konkret an den Modellbau heranführen. Also wäre auch ein Einstieg über den Übungsteil möglich. Der Thementeil käme dann erst – im Verlauf der Arbeiten am Modell – als Anregung hinzu.

Planzeichnung (Stuhl-Übung, S. 102/103)

Es ist zu erwarten, dass in dem Stuhlfoto die Einzelteile der Konstruktion vollständig und in einigermaßen richtiger Proportion (Länge, Dicke) erfasst werden. Schwierigkeiten macht in der waagerechten Lagerung die Unterscheidung der tragenden Querleiste von der Sitzfläche und dem sich darauf leicht erhebenden Lederpolster. Wahrscheinlich wird der Lehrer hier durch Zeigen und Ansprechen Wahrnehmungshilfe leisten müssen. Ebenso ist darauf zu achten, dass die Konstruktion der Rückenlehne exakt erfasst wird. Die konisch zulaufenden Beine und der leichte Schwung des bis zur Rückenlehne durchgehenden Stuhlbeins bereitet sicher Mühe. Wichtig ist in jedem Fall, dass die Schüler lernen, durchgehende und angesetzte Bauteile zu unterscheiden und die Verbindungen richtig zu zeichnen.

◉ Thementipps zur Hauptaufgabe, auch zu Durchführungsvarianten

Mögliche Themen zur Hauptaufgabe:
- **Wettbewerb: Welches Architektenteam baut mit einer vorgegebenen Materialmenge den höchsten und zugleich stabilsten Turm?**
- **Mein Baum-Traum-Haus (Turmkonstruktion wird in einen senkrecht aufgebauten Ast eingefügt)**
- **Leonardos Flugapparat**
- **extraterrestrisches Raumfahrzeug**

Alternativ wäre – nach den oben beschriebenen Übungen zum konstruktiven Zeichnen – das Hauptthema zeichnerisch (Feder, Filzstift) zu bearbeiten.
Mögliche Themen hierzu:
- **Hochspannungsleitung wird gebaut**
- **Konstrukteure bauen Flugzeug**
- **Kinder machen Flugversuche mit selbstgebautem Flugzeug**
- **abgestürztes Oldtimer-Flugzeug**
- **ein fantastischer Turm**
- **Wildschwein greift einen Hochsitz an**

[1] Zeichnungen einer Schülerin aus einer 6. Klasse

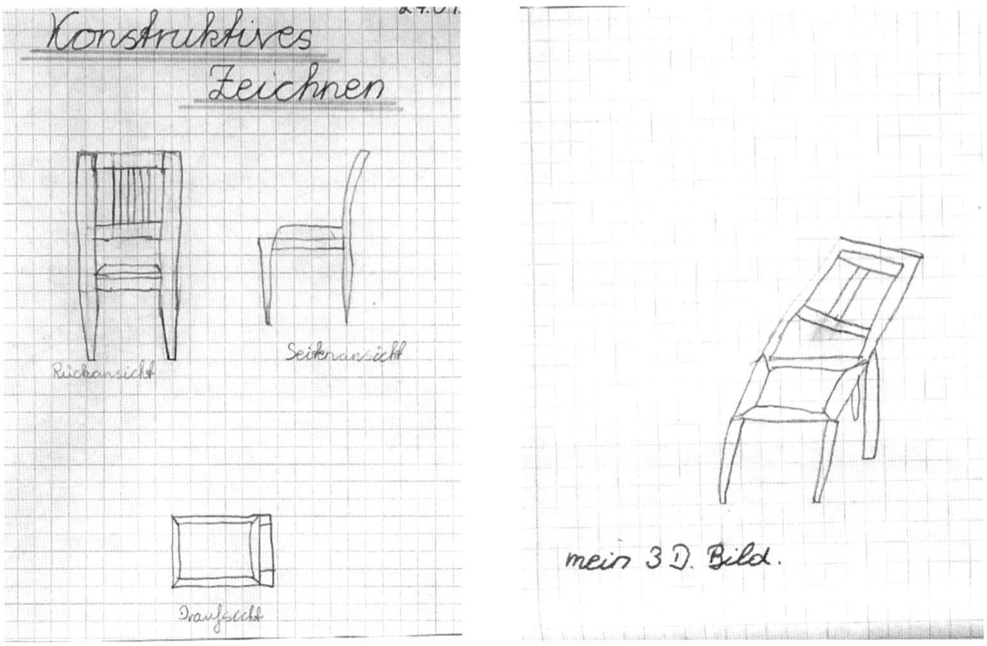

Schrägbild (Stuhl-Übung, S. 102/103)

Das Schrägbild ist nur eine „Zugabe" und ein Anreiz. Wichtig ist, dass der Stuhl nicht einfach vom Foto visuell-mimetisch abgezeichnet wird, sondern dass er auf der Basis der Planzeichnungen im Kopf „gedreht" wird, also wirklich in der Vorstellung als Schrägbild konstruiert wird. Diese hochgradig schwierige Aufgabe ist dennoch zu „schaffen" und ist sehr motivierend.
Auf der Abbildung oben rechts erkennen wir einen halbwegs geglückten Versuch. An sich sind alle Teile richtig zusammengesetzt, nur die Richtungen stimmen (noch) nicht. In jedem Fall dokumentiert der Versuch aber eine sehr verdichtete Vorstellungsleistung.

Planzeichnung und Modellbau (Hochsitz-Übung, S. 104/105)

Hier soll nicht nur gelingen, die Konstruktion in Grundproportion und Aufbau zu erfassen, sondern auch die Überdeckungssituationen an den genagelten Verbindungen genau zu studieren. Ausgangspunkt sind drei verschiedene Fotos, die es erlauben, das komplexe Objekt von allen Seiten zu sehen. Die Leistung des Schülers ist die gedankliche Klärung der Konstruktion. Bei der Unterscheidung der im Buchtext genannten drei Konstruktionsglieder muss beachtet werden, dass die tragenden Stützen schräg stehen, um gleichsam auch als „Streben" zu wirken.

Die hier abgebildete Hochsitzzeichnung [2] entstand nach einem anderen Hochsitzfoto als dem auf S. 104 gezeigten. Der Schüler macht die überkreuzten Verstrebungen durch die Farbe Violett sichtbar. Im Schrägbild tauchen neben hervorragend begriffenen Raumverhältnissen auch einige Unklarheiten und Widersprüche auf.

Das nach den Zeichnungen entstandene Hochsitzmodell [3] ist eine sehr gelungene Konstruktionsarbeit aus Naturholz und Schnüren. Eine Besonderheit ist die überdachte Plattform, die so fast zum Haus wird.

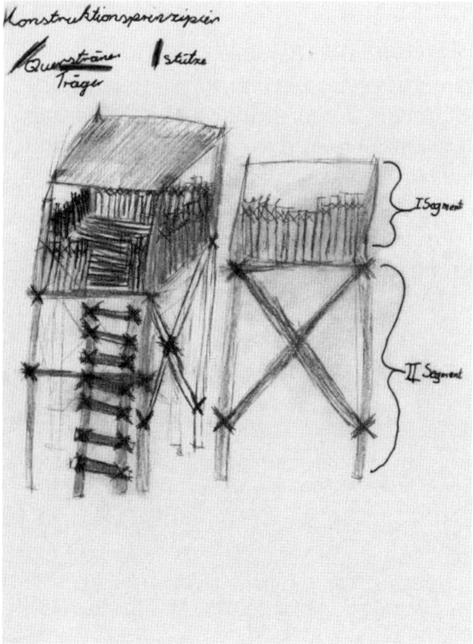

[2] Hochsitzzeichnung eines Schülers aus einer 6. Klasse

[3] Hochsitzmodell aus Zweigen, 7. Klasse

Hauptaufgabe Modellbau (S. 101)

Beim Bau des fantastischen Bauwerks oder Fahrzeugs ist zu fordern und auch zu erwarten, dass die Schüler

1. die erlernten drei Grundelemente (Stütze-Träger-Strebe) strukturell richtig anwenden,
2. durch saubere Verbindungstechnik eine stabile Konstruktion erreichen,
3. ein Modell mit mehreren Stockwerken oder Ebenen schaffen.

Hinzukommende ausschmückende, funktionale und fantastische Elemente oder auch eingefügte Figuren und Accessoires machen das Thema für Schüler erst richtig interessant. Der spielerischen Ausformulierung sind keine Grenzen gesetzt. Manche Schüler entwickeln auch konstruktive Varianten.

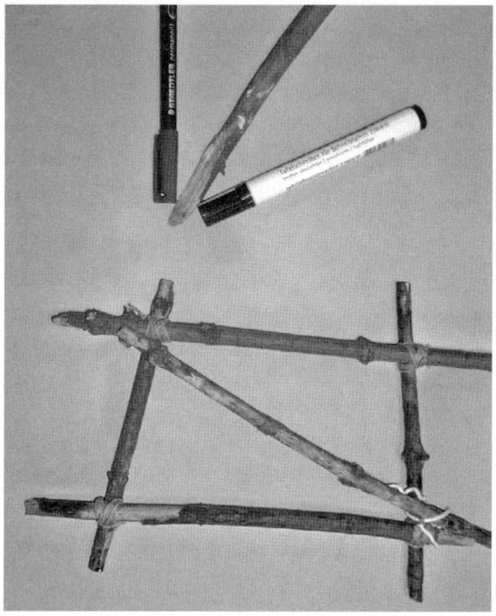

[4] Grundkonstruktion eines Turmelementes aus Zweigen

[5] Grundmodell eines verstrebten Elementes, gebunden und mit Heißklebepistole geklebt

Hauptaufgabe Fahrzeugmodellbau (S. 101)

Beim konstruktiven Fahrzeugmodellbau ist ebenfalls anzustreben, dass die Konstruktionselemente nicht nur dekorativ fantasiert, sondern sinngerecht verstanden und angewendet werden. Es sollte eine stabile und „elegante" Konstruktion entstehen. Die konstruktive Ausfabulierung von Fahrwerk, Sitzen, Leitwerk usw. lässt vielfache Erweiterungen zu. Verspannung der Tragwerksflächen und evtl. Bemalung und Bestückung mit Figuren kann das Fahrzeug – hier [6] ein „Oldtimer-Flugzeug" – überzeugender machen.
Die Aufhängung in der Luft oder die bewegte Präsentation mit Hilfe einer Seilbahn können spektakuläre performative und spielerische Erweiterungen der Hauptaufgabe sein.

[6] Flugmodell eines Schülers aus einer 8. Klasse. Vorbild: Leonardos Flugmaschinen. Material: Leisten und Blumenstäbe aus Bambus

Zum Hauptbild

Biografische Hinweise

Wladimir Jewgrafowitsch Tatlin wurde 1885 in Moskau geboren. Sein Vater war Ingenieur. Tatlin studierte an der Kunstfachschule und hielt sich danach in Avantgarde-Kreisen in Moskau und St. Petersburg auf. Er schuf Buchillustrationen und Ausstattungen für Theaterstücke und Opern. Ab 1912 beteiligte er sich an Ausstellungen, wirkte aber auch als Bandura-Spieler und Sänger. 1914 besuchte er in Paris Pablo Picasso.
Angeregt vom Kubismus schuf er Materialassemblagen und konstruktive Reliefs, sogenannte „Konterreliefs" aus „unkünstlerischen" Materialien (Eisen, Pappe, Holz, Glas, Stuck).
Nach der Oktoberrevolution beteiligte er sich aktiv am Aufbau eines neuen, revolutionären Kunstlebens. Er entwarf Architektur, Bühnenbilder, Modelle für Kleidung, Geschirr, Öfen usw. und leitete die Foto-, Film- und Theaterabteilung am Kiewer Kunstinstitut (1925 – 1927), später lehrte er die Holz- und Keramikbearbeitung und gestaltete mehrere Bücher.
Nach seiner Auffassung sollte die moderne Kunst sich von dekorativen und ästhetischen Aufgaben lösen und stattdessen Vorentwürfe für technische Apparaturen liefern, sowie einen Zusammenschluss mit industrieller Produktion anstreben. Das berühmteste Dokument dieses Denkens ist das Modell eines einsitzigen, vogelähnlichen Flugapparates „Letatlin" (1929 – 1932). Im Zuge der stalinistischen Kulturpolitik wurde seine Arbeit in der Folge behindert. Bis zu seinem Tod (1940) war er auf Nebenverdienste angewiesen.

Zum Hauptkunstwerk

Tatlins Modell für das „Monument zur III. Internationale" wurde im Dezember 1920 in Moskau ausgestellt und vom Dichter Wladimir Majakowski als „das erste Objekt des Oktober" begrüßt. Es steht im Zusammenhang mit den politischen Ereignissen im sowjetischen Russland und mit den technisch-architektonischen Utopien der revolutionären Künstlergeneration. Diese Künstler sahen sich nicht mehr den alten Malern und Bildhauern verbunden, sondern vor allem den modernen Ingenieuren. Die politische Revolution in Russland sollte sich nach ihrem Willen in einer künstlerisch-technischen Revolution und einer kompletten Neugestaltung des urbanen Lebens vollenden. Im Zusammenschluss von Kunst und Technik zu einer neuartigen Ingenieurskunst sollten utopische städtische Umwelten und völlig neue Konzepte des alltäglichen Wohnens entstehen. Das kommunistische Russland sollte in der Befreiung aller schöpferischen Kräfte eine völlig neue Welt werden, in der die Wolkenkratzer amerikanischer Provenienz durch eine utopisch anmutende urbane Architektur übertroffen werden sollten.

„Tatlins Denkmal war in seiner endgültigen Verwirklichung als Zweckbau gedacht. Um ein Drittel höher als der Eiffelturm, sollte es als Verwaltungs- und Propagandazentrum für die Kommunistische Dritte Internationale dienen, eine Organisation, die die Weltrevolution fördern sollte. Innerhalb dieser offenen Struktur von Eisenpfeilern sollten vier verglaste Raumkörper, die sich in verschiedenen Geschwindigkeiten drehten, die verschiedenen Exekutiv-, Legislativ- und Propagandabüros der ‚Komintern' beherbergen. Die strukturellen Komponenten zeitgenössischen Ingenieurswesens, Eisen und Glas (...) waren als Ausdruck der neuen Gesellschaftsordnung von Bedeutung, wie Lissitzky später schrieb: ‚Das Eisen ist stark wie der Wille des Proletariats, Glas ist rein wie sein Gewissen.' Ähnlich drückte die Form, die Tatlin erdachte, die strenge Diagonale in Verbindung mit den zwei sie umkreisenden Spiralen, symbolisch das hochfliegende utopische Streben des Kommunismus und die dynamischen Kräfte des historischen Fortschritts aus. Das skelettartige Gebilde war ein Destillat der neuen Technologie, erinnerte an die Trägerkonstruktion des Eiffelturms, an Ölbohrtürme, das Mastgerippe von Schiffen, an Kräne und Minenschächte. Die rotierenden transparenten Raumkörper innerhalb dieser Struktur beschworen das Bild einer enormen Maschine mit Getrieben und beweglichen Teilen herauf, einer Maschine zur Erzeugung der Weltrevolution." (Vgl. Wolter/Schwenk, S. 101)

Literatur
- **Wolter, Bettina-Martine/ Schwenk, Bernhard (Hg.): Die Große Utopie. Die russische Avantgarde 1915 – 1932, Katalog Kunsthalle Schirn, Frankfurt/M. 1992**

Ich erzähle in Bildern

Hauptaufgabe:
Erzähle eine Bildergeschichte.

Didaktischer Sinn der Hauptaufgabe

Das Entwerfen einer Bildergeschichte fordert von den Schülern eine komplexe Herangehensweise. Die Entscheidungsprozesse spielen sich sowohl in der Vorstellungsebene, als auch der bildlichen Verwirklichung, der sprachlichen Ebene, der „Vertextung" sowie in der zeitlich-räumlichen Sequenz ab.
Dabei werden die Schüler eingeladen, fließend zwischen den Darstellungsformen zu wechseln und in zeitlich nachvollziehbarem Aufbau erzählerische Zusammenhänge zwischen den einzelnen Bildern herzustellen. Die Korrespondenz von Wort und Bild stellt die Schüler vor eine Herausforderung, die zu verschiedenen Ergebnissen führen wird: die formstrenge Blockschrift oder die assoziativ ornamentale Ausschmückung einer Initiale oder die lautmalerischen Zeichen der Pengsprache.
Worte und Texte können auf unterschiedlichste Weise ins Bild gesetzt werden und damit auch in bildnerische Bestandteile verwandelt werden.

Kernkompetenz: Fähigkeit zum Erzählen in Bildern
Das erzählende Moment ist zu allererst eine Domäne der Sprache.
Die Bildergeschichte greift jedoch das zeitliche Nacheinander der Sprache auf, gliedert einen Handlungsablauf, stellt Entwicklungsschritte dar und strukturiert einen Vorgang, indem sie die Geschichte in einzelne Erzählabschnitte zerlegt.
Dabei spielen rhythmisierende Elemente für den Spannungsbogen eine wichtige Rolle. Sowohl in der mündlichen wie in der schriftlichen Erzählung wird dies mit jeweils unterschiedlichen dramaturgischen Gestaltungsmitteln erreicht. Auch die Bildergeschichte hat ihre eigenen formalen Mittel zur Verfügung, um den Verlauf dicht und abwechslungsreich zu gestalten. Schließlich begründet die bewusst gestaltete Verbindung von Text und Bild eine gegenseitige Unterstützung und Steigerung des Inhaltes.

Kernkompetenz: Abstraktes Gestaltungsvermögen
Bei der Entwicklung einer Bildergeschichte werden verschiedene Ebenen der Visualisierung eingefordert. Die Darstellung von abstrakten Gestaltstrukturen wird z. B. durch die Vergegenständlichung von Gefühlswelten sowie bei der Umsetzung des Zeitlichen und Räumlichen in den verschiedenen Panels gefördert.
Auf Textebene erproben die Schüler den bewussten Umgang mit selbst gestalteten Schriftzeichen und deren wirkungsvolle Integration in ein Bildgefüge. Dabei spielt in vorausgegangenen Übungen die Schulung von Gestaltwahrnehmung bei den einzelnen Buchstaben und die Übung von Proportionszusammenhängen wie Formqualität, Abstände der Buchstaben und Lesbarkeit eine große Rolle.

Vorschlag für eine Unterrichtseinheit
Gesamtumfang 6 Doppelstunden und Hausaufgaben

1. Doppelstunde:
a) Bildbetrachtung und Deutung der Lazarusgeschichte aus dem Lukasevangelium des Echternacher Evangelienbuches, S. 109)
b) Farbkopie als Arbeitsmaterial: Ausschneiden, bzw. Abnahme von Personendarstellungen und Gegenständen mit Hilfe von Bleistift und Transparentpapier
c) Neues Ordnen, Collagieren und Entwurf von möglichen Textstellen, bzw. Sprechblasen

Hausaufgabe: Aufmerksamkeit auf Schriftarten und Schrifttypen legen, kleine Sammlung von Beispielen aus Tageszeitungen, Zeitschriften usw. zusammenstellen

2. Doppelstunde:
Besprechung und Vergleich der gesammelten Schrifttypen, Überlegungen zum Informationsgehalt, (Übung 1, S. 117, Übung 1 und 2, S. 119)
Hausaufgabe: Eigenen Text/Geschichte aussuchen und mitbringen

3. Doppelstunde:
Besprechung des Aufbaus einer Bildergeschichte: „Panels", Zeitfolgen, Spannungsbogen, charakteristische Figuren usw.; erste Entwürfe

4. Doppelstunde:
Ausarbeitung

5. Doppelstunde:
Ausarbeitung

6. Doppelstunde:
Entwurf des Buchcovers (Titelseite) (Übung 2, S. 117)

Erwartungshorizont der Hauptaufgabe

Die Schüler setzen sich mit der selbst gewählten Geschichte und ihrer Entwicklung/Problemstellung auseinander.
Sie erarbeiten eine Erzählstruktur, die eine logische Abfolge der Bilder vorgibt.
Sie visualisieren die Geschichte durch das Entwerfen von Bildersequenzen.
- Dabei müssen die Szenen bzw. Inhaltsabschnitte festgelegt werden, die für das Verstehen wichtig sind.
- Visualisierungsmöglichkeiten werden entwickelt zur Charakteristik von wieder erkennbaren Figuren, zum Ortswechsel, zu Zeitsprüngen, zur Steigerung von Spannungsmomenten usw.
- Visualisierung von Gefühlen und Geräuschen.
- Darstellung von verschiedenen Realitätsebenen: die gegenseitige Unterstützung von Bild und Text.

Tipps zur Durchführung der Hauptaufgabe

Bildaufbau
Das einzelne Bild hält nur einen Augenblick fest. Die nächsten Bilder zeigen eine fortgeschrittene Entwicklung der Situation.
Damit sich der Leser die ablaufende Zeit zwischen den Bildern vorstellen kann, müssen in den Folgeszenen genügend verbindende Hinweise enthalten sein.

Weiterführende Literatur:
Zur Schrift
- **KUNST 5–10, 4/2006, Schrift**
- **Hussmann, Heinrich: Über die Schrift, Wiesbaden 1975**
- **Nerdinger, Eugen: Schriftschreiben, München 1987**
- **Engelmann/Jehl/Sedlatschek: SchriftWerk, Donauwörth 2005**
- **Hartkamp, Christina: Schrift – von der ersten Bilderschrift zum Buchdruck, Hildesheim 1997**
- **Claus, Carlfriedrich: Schrift, Zeichen, Geste, (Ausstellungskatalog), Chemnitz 2005**

Zur Bildergeschichte/Comic
- **Diekmann, Stefanie/ Schneider, Matthias (Hg.): Szenarien des Comic-Helden und Historien im Medium der Schriftbildlichkeit, Berlin 2005**

Hinweise zum KUNST Bildatlas: Bilder(-reihen), die Geschichten erzählen:
- **Roy Lichtenstein: M-Maybe, S. 40**
- **Edward Hopper: Nighthawks, S. 55**
- **Eadweard Muybridge: Eine Frau leert einen Eimer Wasser, S. 90**
- **Umberto Boccioni: Der Lärm der Straße dringt ins Haus, S. 91**
- **Paul Gaugin: Woher kommen wir? Was sind wir? Wohin gehen wir?, S. 113**
- **Ambrogio Lorenzetti: Auswirkungen der Guten Regierung in Stadt und Land, S. 199**
- **Giotto di Bondone: Fresken der Arena-Kapelle, S. 201**
- **Bible moralisée, S. 206**
- **Mittelalterliche Handschriften, S. 214**
- **Mosaikstandarte aus dem Fürstengrab in Ur, Tempelbauten und Schriftzeichen, S. 238 f.**

Schrift als Bildelement:
- **René Magritte: Der Sprachgebrauch, S. 56**
- **Robert Delaunay: Die Mannschaft von Cardiff, S. 89**
- **Henri de Toulouse-Lautrec: Moulin Rouge, S. 117**
- **Mittelalterliche Handschriften, S. 214**
- **König Echnaton und Königin Nofretete mit Kindern unter der Strahlensonne des Aton, S. 237**

Soll ein räumlicher Sprung in der Geschichte gesetzt werden, so muss ein logischer Zusammenhang hergestellt werden (z. B. ein Haus von außen und dann Zimmeransicht von innen).
Es können wie beim Fotografieren mit einem Zoom Ausschnitte gewählt und damit Details vergrößert werden, um sie ins Zentrum des Blicks zu rücken (vgl. Kap. 3) oder es wird die „Totale" gewählt.
Die stufenweise Verkleinerung oder Vergrößerung eines Gegenstandes lässt ihn entweder langsam verschwinden oder näher kommen. So entsteht u. a. Bewegung (vgl. Kap. 7).
Die Rahmengröße des einzelnen Bildes kann immer gleich groß gewählt werden oder sie kann je nach inhaltlicher Gewichtung variieren. Wichtige, dramatische Szenen dürfen eine größere und auffallende Darstellungsfläche beanspruchen. Dabei können richtungsführende Pfeile für die eindeutige Lesbarkeit und Abfolge eingesetzt werden.

Farbgebung

Die Farbgebung hilft z. B., bestimmte Personen anhand ihrer Kleiderfarbe durch die Geschichte hindurch wiederzuerkennen.
Die Farbwahl kann die Atmosphäre in der Geschichte verändern und Gefühle unterstreichen. Ebenso kann ein Schwarz-Weiß-Comic allein durch einen starken Hell-Dunkel-Kontrast und vielfältige Graustufen an Dramatik gewinnen.

Textgestaltung

Der Text hat die Möglichkeit, das Bild außerhalb zu begleiten sowie in wörtlicher Rede und mit Sprechblasen ins Geschehen einzugreifen.
Der Text kann Töne und Geräusche in lautmalerischen Kürzeln (Onomatopöie) versinnbildlichen (s. S. 118).

Der Text spielt inhaltlich und optisch eine sehr wichtige Rolle: Inhaltlich nimmt er den Leser bei der Hand und erklärt wichtige Zusammenhänge. Dabei darf er sich aber nicht durchgehend in den Vordergrund drängen. Optisch setzt er reizvolle Akzente, entweder außerhalb des Geschehens, als ruhiger Begleiter am Bildrand oder innerhalb als weiterer Akteur (Lautmalerei).

Themenvorschläge zur Bildergeschichte

- Eine Figur mit sprechender Gestik nachstellen und zeichnen (z. B. sitzende Figur in trauriger oder erschöpfter Verfassung); daraus eine Bildgeschichte entwerfen, die entweder von der Figur ausgehend sich entwickelt, oder hin zu der Figur als Schlussbild führt. Entwurf einer szenischen und logisch aufgebauten Erzählstruktur.
- Szenisches Spiel in kleinen Gruppen: einzelne Szenen mit dem Blick durch einen Rahmen (ca. DIN A4) festhalten – dabei Annäherung oder Abstand suchen, Ausschnitte oder Totale; Festhalten durch kleine Skizzen.

[1] Mit Hilfe von Transparentpapier pausen die Schüler einen Bildstreifen der Buchmalereivorlage (S. 109) durch. Anschließend wird die angefertigte Zeichnung auf ihre möglichen Bildeinheiten hin zerschnitten. Diese Bildteile können nun neu angeordnet werden, um Zwischenräume für Sprechblasen und Bildergänzungen zu ermöglichen, ebenso werden Bild erläuternde Textzeilen entwickelt und entsprechend zugeordnet.
Der so entstandene Bildentwurf wird von den Schülern grafisch oder malerisch weiter ausgearbeitet und zu einem formal, wie inhaltlich schlüssigen Ganzen geführt.

[2] Schüler, 6. Klasse, Filzstifte

[3] Schülerin, 6, Klasse, Filzstifte

[4] Schülerin , 5. Klasse, Feder und Tusche

[5] Schüler, 5. Klasse, Bleistift

[6] Schülerin, 5. Klasse, Feder und Tusche

- Daumenkino (vgl. Kap. 7, S. 92 f.) oder einen kleinen Trickfilm entwerfen. Auf Blankofilm (bereits entwickeltes Filmmaterial, also weißes Zelluloid) sehr vereinfachte Bildfolgen mit Permanentmarker erstellen.

Zur Schrift
- Mit Hilfe von Sprech- und Denkblasen erzählen; Bilder vertexten.
- Plakatentwurf: Werbung für die Bildergeschichte, bzw. eine Verfilmung der Geschichte.
- Bildbetrachtung Paul Klee: Bilder mit integrierten Schriftzeichen auswählen.
- Federzeichnung: Das Schriftzeichen wird zum Bildzeichen; ein Bildganzes wird aus Senkrechten, Waagerechten, Diagonalen und Bogenformen aufgebaut, wobei die Rhythmisierung der Zeichen eine wichtige Rolle spielt.
- Bild-Schrift-Collage (z. B. Hannah Höch, Raul Hausmann, Russische Konstruktivisten).

[7] Erster Entwurf für eine eigene Bildergeschichte, Schüler, 6. Klasse, Bleistift und Buntstifte

Zum Hauptbild

Das Gleichnis vom reichen Mann und dem armen Lazarus
Die Miniatur entstammt dem Echternacher Evangeliar, dem kostbaren Codex Aureus Epternacensis, der um 1035 am Ende der ottonischen Kunstepoche entstand. Die Handschrift befindet sich seit 1955 im Germanischen Nationalmuseum zu Nürnberg. Das Evangeliar vereint die Texte der vier Evangelien, wobei zu jedem Evangelium vier Bildseiten gestaltet sind. Eine Drei-Streifen-Gliederung wird durchgängig beibehalten.

Zum dargestellten Inhalt
Die obere Bildreihe gibt einen Einblick in das Haus des reichen Mannes, der mit seiner Familie am Tisch sitzend „herrlich und in Freuden" lebt. In vornehmen Purpur gekleidet, seine Bedeutung durch die zentrale Anordnung und seine gebieterische Geste kenntlich machend, steht er in deutlichem Gegensatz zum nackten Lazarus, der am ganzen Körper mit Geschwüren bedeckt, hungrig vor der offenen Haustüre verweilt, während die Hunde des Reichen seine Wunden lecken.
In den folgenden zwei Bildstreifen wird das Schicksal der beiden Hauptpersonen, des Lazarus und des reichen Mannes, in genauer Entsprechung zu den Textzeilen erzählt: Lazarus stirbt alleine, in materieller Besitzlosigkeit, ungeborgen und von allen Menschen verlassen. Der Reiche dagegen erfährt im dritten Bildstreifen noch auf seinem Sterbebett die liebevolle Zuwendung und Nähe seiner Familie.
In der Sterbeszene löst sich die Seele vom Leib. Sie wird jeweils durch eine kleine, nackte, menschliche Gestalt versinnbildlicht, die aus dem Mund des Toten entweicht. Zu Lazarus stoßen zwei Engel herab, licht gekleidet, dem himmlischen Bereich zugehörig, welcher durch leuchtend blaue und rote Wolkenbänder symbolisiert wird. Die Engel nehmen die Seele des Lazarus in Empfang und hüllen sie in ein weißes Gewand. Im rechten Bildfeld finden wir die Seele wieder: Sie ist in den Schoß Abrahams zurückgekehrt, dessen riesige Gestalt zwischen blühenden Gewächsen und umgeben von Erlösten auf einer „Sphaira" (Weltkugel) thront.
Die Seele des Reichen dagegen wird von zwei schwarzen Teufeln ergriffen und in ein Flammenmeer geworfen. Zusammen mit anderen Verdammten wird sie von Feuer speienden Teufeln bedroht, deren ebenfalls übergroßer Gebieter bereits gefesselt auf dem Rücken liegt. Mit flehender Geste wendet sich die Seele des Reichen an Abraham, der genau über ihr thront. Nach der biblischen Erzählung – hier in der Bildererzählung nicht weiter ausgeführt – entspinnt sich ein Gespräch zwischen beiden, in dessen Verlauf der Reiche mit Abraham um seine Errettung verhandeln will.

Zur Ikonografie

Das weiße Gewand

Der weiße Umhang für die Seele des Lazarus dokumentiert die erfahrene Vergebung. Die Seele des Lazarus ist die einzige, die in ein weißes Gewand gehüllt wird. Die Farbe Weiß taucht als Hinweis auf Reinheit und gerechtes Leben, verbunden mit der Vorstellung von der physikalischen Beschaffenheit des ungebrochenen Lichtes, häufig als Gewandfarbe in biblischen Erzählungen auf.

„Abrahams Schoß"

Diese Metapher entspricht der Versinnbildlichung des Paradieses. „Abrahams Schoß" ist ein Bild in der jüdischen Vorstellung, dass das Volk Gottes, von Abraham abstammend, zuletzt wieder in seinem Schoß versammelt werde. Einen besonderen Rang erhält Abraham in der Echternacher Miniatur durch das Thronen auf der Weltkugel, der „Sphaira", dem Zeichen der Herrschaft, das sonst dem thronenden Christus in Maiestas-Domini-Darstellungen vorbehalten bleibt.

Die Hölle

Die Darstellung gibt einen tiefen Einblick in mittelalterliche Vorstellungen von Tod und Jenseits. Die Hölle, der Hades der Griechen, wurde unterhalb der Erde oder in der Tiefe des Meeres vorgestellt, sie ist in der Miniatur deshalb im unteren Bildstreifen angesiedelt. Das Flammenmeer und die Reihe der Feuer speienden Teufel visualisieren die Qualen der Verdammten. Hier wird der Herr der Hölle, der „Fürst der Welt", überragend groß und gefesselt dargestellt. Die Fesselung verdeutlicht bereits den Sieg durch Christus, wie es in dem Bildtypus der „Höllenfahrt Christi" immer wieder zum Ausdruck gebracht wurde.

Zur Raumdarstellung

Die Miniatur verzichtet weitgehend auf raumillusionistische Darstellung: Eine geringe Andeutung von Raum ist in der Gestaltung der Türe zu erkennen – weitere räumliche Bezüge werden hauptsächlich durch Überschneidungen von Figuren und der beiden Hunde angedeutet. Der Verzicht auf Raumillusion rückt das dargestellte Geschehen heraus aus der Vergänglichkeit einer zeitlich und räumlich bestimmten Szenerie und ermöglicht erst die Entsprechung zum biblischen Gleichnis.
Die Lebensbereiche Welt, Himmel und Hölle sind durch Farbgründe unterschieden und deutlich voneinander abgegrenzt. Zusätzlich markiert diese Abgrenzung der Bodenstreifen: Hier symbolisieren gleichförmige Bodenwellen das weltliche Erdreich, ein blaues Wolkenband die Basis des Himmels und der schwarzbraune Streifen steht für den schlammigen, morastigen Untergrund der Hölle.

Zum Bildaufbau

Die bildliche Darstellung ist durch den Aufbau zeitgleicher Beziehungsstränge der linearen Textfolge überlegen. Analog zum Erzählstil des Bibeltextes reiht der Bilderstreifen die Szenen folgerichtig aneinander. Der horizontale Aufbau ermöglicht dem Betrachter aber ebenso zwischen dem zweiten und dritten Bildstreifen eine vertikale Leserichtung herzustellen: Die Seele des Reichen fleht zu Abraham.

Weiterführende Literatur:
Zur Schrift
- **Metz, Peter: Das Goldene Evangelienbuch von Echternach, München 1956**
- **Jantzen, Hans: Ottonische Kunst, Berlin 1990**
- **Verheyen, Egon: Das Goldene Evangelienbuch von Echternach, München 1963**

Meine Welt

Hauptaufgabe:
Stelle Deinen gesamten Lebensraum dar.

Didaktischer Sinn der Hauptaufgabe

Die Aufgabe ist vor allem in der wirklichkeitsnahen Auseinandersetzung mit dem eigenen urbanen Lebensraum zentriert. Die Schüler sollen die vor ihnen (und in ihnen) liegende Welt in ihrem räumlichen Zusammenhang modellhaft sichtbar machen, in dem sie zum einen kartierend vorgehen, zum anderen einen Prospekt oder einen „Reiseführer" ihrer persönlichen Welt gestalten.
Beide Varianten der Aufgabe enthalten die Komponenten: Kartografie, Fotodokumentation und - optional - Buchgestaltung.
Hauptaufgabe und vorbereitende Übungen vereinen imaginative, gestalterische und handwerkliche Anteile. In ihrer Bearbeitung kann imaginatives Denken erlernt, räumliches und zeitliches Vorstellungs- und Wahrnehmungsvermögen entwickelt werden.
Zusätzlich führt das Kapitel in die Möglichkeiten der Verknüpfung von herkömmlichen (zeichnerischen, malerischen) und zeitgenössischen (fotografischen, digitalisierten) Abbildungsmethoden ein.

Kernkompetenz: Fähigkeit zur differenzierten Umweltwahrnehmung
Es bedarf einer besonderen Form ästhetischer Aufmerksamkeit, um die alltägliche Versunkenheit in die Umwelt einmal ganz bewusst zu durchbrechen.
Die Mittel der Kartografie und der dokumentarischen Fotografie werden aus diesem Grunde erlernt. Mit ihrer Hilfe können wichtige „Knotenpunkte" des Lebensraums bewusst gemacht und differenziert dargestellt werden. Thematisierende Aufmerksamkeit führt zu einer Wahrnehmung, die die Voraussetzung organisierter Darstellung ist. In den Darstellungsfomen einer „Lebenslandkarte" oder eines „Stadtteilprospektes" soll eine Reflexion der eigenen Lebensverhältnisse im urbanen Alltag geleistet werden.

Kernkompetenz: Fähigkeit zu komplexer Bildorganisation
In der späten Kindheit und mit Beginn des Jugendalters verändern sich die Bildorganisation und das zeichnerische Verhalten, indem gegenstandsanaloge Details und Detailfreude sich steigern: Ähnlichkeiten zwischen dem gezeichneten und dem realen Objekt nehmen zu, viele individuelle Einzelheiten und Unterschiedlichkeiten werden zunehmend in formal komplex organisierte Zeichnungen (Grundrisse usw.) umgesetzt.
Die immer komplexer werdende Bildorganisation verändert sich in zwei Richtungen: zum einen stehen differenzierte Bildzeichen innerhalb eines weniger komplexen Bildschemas (selektive Bildkonzeption), zum anderen wird versucht das gesamte Bild gegenstandsanalog-visuell zu organisieren und nicht nur realistische Inseln zu zeichnen („ökologische" Bildkonzeption).

Vorschlag für eine Unterrichtseinheit
Gesamtumfang 4 Doppelstunden und Hausaufgaben

1. Doppelstunde:	Betrachtung des Hauptbildes (S. 121): Gedankenwanderung; Vergleich mit der eigenen Lebenswirklichkeit, dem eigenen Schulzimmer:	ca. 20 min.
	fotografische Spurensuche im Schulhaus, fotografische Dokumentation; Hinweis auf den Fotografen Andreas Gursky	ca. 50 + 20 min.
	Hausaufgabe: Wo ist dein Lieblingsplatz? Fertige Skizzen und/oder Fotografien von deinem „besonderen Ort" an und notiere dir, welche Gedanken dich dort begleiten.	
2. Doppelstunde:	Gedankensammlung: *Woraus besteht deine Welt? Was bewegt dich, was lässt dich kalt? Aus welchen Bestandteilen setzt sich deine Welt zusammen? Was ist unverzichtbar? Was wird häufig dargestellt, was nur sehr selten?* Mit kleinen Skizzen und Worten eine Liste erstellen und in der Klasse anschließend miteinander vergleichen. Was wird häufig dargestellt, was nur selten? Einbeziehung der Lieblingsplätze und besonderen Orte.	ca. 30 min.
	„Aufwärmübung" zur Hauptaufgabe (Partnerarbeit): *Zeichnet zu zweit mit einem Stift Elemente eurer eigenen Welt auf ein Blatt Papier. Sprecht dabei nicht!*	ca. 15 min.
	Wie fühlt es sich an, den Stift selber zu führen oder geführt zu werden? Unterscheiden sich eure Sichtweisen auf die Welt voneinander? – Vergleich der unterschiedlichen Weltbilder Einführung in die Hauptaufgabe: *Stelle deinen gesamten Lebensraum dar, in einer individuellen Landkarte oder einem persönlichen Reiseführer.*	ca. 45 min.
3. Doppelstunde:	Gestalterisches Erarbeiten der Hauptaufgabe: individuelles künstlerisches Arbeiten unter Einbezug der verschiedenen Techniken zur subjektiven Gestaltung der Landkarte oder des Reiseführers: Zeichnung, Collage (evtl. auch räumlich-plastisch, vgl. Kap. 11, S. 142/143), Fotodokumentation usw.	ca. 90 min.
4. Doppelstunde:	Fertigstellung der Hauptaufgabe: Präsentation und Anknüpfung Welt-Bilder – Welt-Modelle (vgl. Kap. 13)	ca. 70 min.
	Vergleich „Großes Weltbild" von A.R. Penck (1965) mit der Felsritz-Zeichnung aus dem italienischen Camonicatal: Gemeinsamkeiten auflisten	ca. 20 min.

Weiterführende Literatur:
KUNST+UNTERRICHT
285/286, 2004
Atlas: Bilder kartografieren

Hinweise zum KUNST Bildatlas:
Andreas Gursky: Bahrain I, S. 16
Ebstorfer Landkarte, Albrecht Altdorfer: Die Schlacht bei Issus (Alexanderschlacht), S. 168/169
Ambrogio Lorenzetti: Auswirkungen der Guten Regierung in Stadt und Land, S. 198/199

Erwartungshorizont und Tipps zur Durchführung der Aufgaben

Zur Hauptaufgabe:
Kartografieren – Landkarten dienen der Orientierung im Gelände und dem Nachvollziehen möglicher Wege. Mit Hilfe von Karten kann man auch über Begrenzungen hinausschauen, sich in noch fremde Gegenden hineinversetzen, Reisen vorwegnehmen und vorbereiten. Karten erscheinen aber auch als Symbol für: „von der Stelle kommen", „sich auf den Weg begeben", „sich orientieren", jeweils verbunden mit (Vor-)Freude und positiver Spannung.

Als „Kartografie“ wird ursprünglich die Herstellung von Land- und Seekarten bezeichnet. Die Kartografie war und ist eine Wissenschaft des Auges, des Erspähens, Beobachtens, Festhaltens und Aufzeichnens.
Seit der Erfindung von Land- und Seekarten im Mittelalter und von Atlanten im 16. Jahrhundert sind auch in der Kunst Kartografien zum Erkunden von Raum und Wirklichkeit bekannt.
Das Gestalten von künstlerischen Karten dient der Darstellung eines Weltausschnittes und der Erforschung des Raumes.

Das Vorgehen beim Kartografieren und Dokumentieren
Bewusstmachen: Die Schüler sollen ihre Aufmerksamkeit sammeln und fragen:
Woraus besteht meine Welt? Wie ist sie räumlich geordnet? Wir bewege ich mich darin?
Was bewegt und interessiert mich, was nehme ich täglich wahr? Was übersehe ich, was lässt mich kalt? Aus welchen Bestandteilen setzt sich meine Welt zusammen?
Was ist unverzichtbar? Was ist entbehrlich?
Beobachten: Die Schüler betätigen sich zur Erkundung eines Raumes als Forscher und Entdecker:
- in Räumen, die ihnen bekannt sind (z. B. Klassenzimmer, Schulhof, Keller, Dachboden),
- auf Wanderungen, Spaziergängen und Reisen (z. B. Klassenfahrten),
- in Erinnerungsräumen (z. B. ein zurückliegender Geburtstag, ein Besuch im Zoo oder im Museum),
- abseits bekannter Wege und auf der Suche nach neuen, fremden, eigenen Wegen.

Sammeln und Ordnen: Nach dem genauen Beobachten der Orte und Räume werden die Wahrnehmungen und Eindrücke gesammelt und geordnet. Um die Orientierung bei der Fülle der Beobachtungen zu erleichtern, hilft das Zeichnen einer Karte.
Eine individuelle Ordnung entsteht durch das Sortieren, Um- und Zuordnen nach eigenen Themen und Motiven (z. B. Familie, Freunde, Schule, Sport, Tageszeiten) in:
- Sammlungen von Spuren, Alltagsgegenständen und Erinnerungsstücken,
- Sammlungen von Zeichnungen, Fotografien und Zeitungsausschnitten,
- Sammlungen von Worten und kleinen Texten.

Aufzeichnen: Es können verschiedene Aufzeichnungsmethoden gewählt und auch kombiniert werden:
- Zeichnungen, Bilder, Listen, Fotos, Reisetagebücher, Postkarten und Texte,

◉ **Material zur Aufwärmübung der Hauptaufgabe:** Je zwei Schüler erhalten ein Blatt Papier und einen Stift (z. B. weicher Grafitstift oder Permanentstift), Ölkreiden, Wassermalfarben, Feder, Tusche, eventuell Kopiermöglichkeit.

Die Schüler erhalten den folgenden Arbeitsauftrag: *Zeichnet zu zweit mit einem Stift Elemente eurer eigenen Welt auf ein Blatt. Sprecht dabei nicht. Wie fühlt es sich an, den Stift selber zu führen oder geführt zu werden? Unterscheiden sich eure Sichtweisen auf die Welt voneinander?*
Das entstandene Bild kann dann fotokopiert (oder am Fenster durchgepaust) werden. Im Anschluss werden die entstandenen grafischen Formen mit Farbe gefüllt oder das Bild zerrissen/zerschnitten und neu zusammengefügt. Mit Feder und Tusche können die vorhandenen grafischen Spuren weitergeführt werden.

[1] Aufwärmübung zur Hauptaufgabe (Partnerarbeit): Karte der eigenen Welt, Schüler 7. Klasse

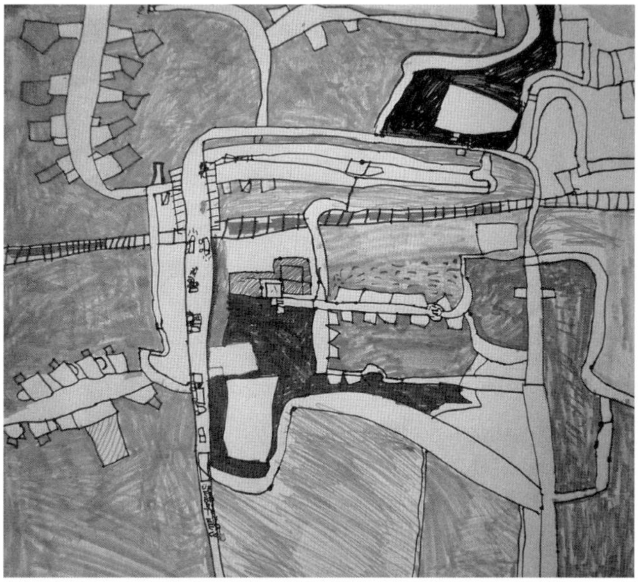

[2] Zeichnungen aus einer 5. Klasse zum Thema „Meine Welt". Die Zeichnungen beruhen auf persönlicher „Mapping"-Arbeit, die ausschließlich in der inneren Vorstellung und Erinnerung erfolgte. Dennoch sind sie äußerst detailreich mit Farbstiften und Filzstiften ausgeführt. Auf der Basis dieser Zeichnungen könnte noch eine zusätzliche fotografische Dokumentation entstehen.

- Fotodokumentation,
- andere Methoden der Recherche (Interviews, Videos),
- akustisch Methoden: Klangcollagen und Tonbandprotokolle.

Ergänzungsaufgabe 1: Innere und äußere, öffentliche und private Landkarten
Zeichnen bzw. Visualisieren (mit Hilfe von Collagefragmenten, wie Fotos, Zeitungsausschnitten, Briefen usw.) von:
- inneren Räumen, z. B. Erinnerungen (vgl. Kap. 13),
- äußeren Räumen, z. B. die konkrete Welt, um einen herum.

Zur Erklärung für die Schüler: *Eine persönliche Karte ist ein Querschnitt, der die Welt zu einem bestimmten Zeitpunkt zeigt. Sie gibt unser individuelles Verständnis der Welt wieder und kann manchmal ganz anders aussehen als die Welt, wie sie auf üblichen Landkarten oder Stadtplänen gezeigt wird.*

Schülerauftrag: *Bildet Gruppen und zeichnet eine Karte, indem jeder von euch verdeckt ein Symbol für sich selbst auf ein Blatt Papier zeichnet. Dieses wird umgefaltet und an den nächsten weitergereicht. (Ihr könnt das Blatt auch noch weitere Runden kreisen lassen.) Nach dem Entfalten sollen nun Verbindungslinien zwischen den einzelnen Symbolen gefunden und beschriftet werden.*

Ergänzungsaufgabe 2: Eigenartige „Landkarten" unserer Welt
Erstellen von Helligkeits- und Dunkelheitskartografien oder Geräuschkartografien, z. B. Gestaltung einer Licht- bzw. Klangcollage oder einer Collage von kurzen Videoclips, die die verschiedenen Bereiche der persönlichen Welt veranschaulichen.

Ergänzungsaufgabe 3: Schatzsuche mit Hilfe einer Schatzkarte
Zeichnen einer „Schatzkarte": Die Klasse wird dazu in mehrere Gruppen geteilt. Jede Gruppe überlegt, wo sie ihren – vorher auszuwählenden – Schatz verstecken will.

Schülerauftrag: *Entwerft eine Karte, die den Weg zum versteckten Schatz aufzeigt und veranstaltet dann eine gemeinsame Schatzsuche. Zeichnet in die Karte Hinweise zum Auffinden des*

Schatzes ein. Ihr könnt auch die fertige Karte zerteilen (Regel: So viele Teile wie Aufgaben!) und anhand von Rätseln, Aufgaben und Spuren, die verraten, wo der nächste Aufgabenpunkt ist, den Schatz finden lassen. Immer wenn die Gruppe einen Punkt gefunden und die entsprechende Aufgabe gelöst hat, bekommt sie einen weiteren Teil der Karte (schafft sie die Aufgabe nicht, gibt es keinen Schatzkartenteil, das macht die Suche noch spannender). Nummeriert die einzelnen Aufgabenpunkte wie auch die Umschläge, in die die Aufgaben kommen.

Weiterführende Varianten

1. Es sind auch räumlich-plastische „Landkarten" oder kleine „Weltmodelle" denkbar (vgl. Kap. 11, S. 142/143).
   Schülerauftrag: *Entwirf ein Modell deiner Welt (z.B. aus Karton, Pappmaché, Fundstücken).*
2. *Errichte modellhaft ein Museum deiner Welt und fülle es mit Alltagsgegenständen und Erinnerungsstücken.*
3. *Erstellt aus zeichnerischen Fragmenten von persönlichen Karten eine neue, gemeinsame Welt. (Großgruppenarbeit)*

[3] Museumsbau, Schüler 7. Klasse

Zum Hauptbild

Biografische Hinweise

Karl Hubbuch war Maler und Grafiker. Er wurde 1891 in Karlsruhe geboren und verstarb auch da im Jahre 1979. Er gehörte mit seinen Bildern und grafischen Zyklen zum sozial orientierten Verismus. Mitte der 1920er-Jahre entwickelte er eine lasierende Maltechnik für seine „Versuchsbilder", in denen er ebenfalls scharfe Gesellschaftskritik übte. Nach 1945 entstanden „antifaschiste" Arbeiten, später dann realistische Porträts.

[4] Zeichnerische Darstellung eines „Lebensraum"-Bildes, Federzeichnung, 7. Klasse

Exkurs: Schulwesen zur Zeit der Weimarer Republik
Der herrschende Zeitgeist der Erneuerungen prägte auch das Schulwesen in der Zeit der Weimarer Republik, indem beispielsweise neue Reformschultypen eingeführt wurden. Die traditionellen Formen des Schulwesens blieben aber weitgehend erhalten: Die weit überwiegende Mehrzahl der Schüler besuchte eine siebenjährige Volkshauptschule und im Anschluss daran zwei bis drei Jahre lang die Volksfortbildungs- oder die Berufsfortbildungsschule. Das höhere Schulwesen blieb bis zur Revolution den Knaben vorbehalten. Erst ab 1919 war es Mädchen gestattet, an den Knabengymnasien ein Abitur abzulegen und im Anschluss daran zu studieren. Im Bereich der höheren Mädchenbildung gab es daher die größten Umbrüche – zumindest was die theoretischen Möglichkeiten anbelangte.

Die künstlerische Methode Karl Hubbuchs

1923/24 beginnt Karl Hubbuchs neusachliche Periode, eine Phase extremer Gegenstandsschärfe, in der das Menschenbild hinter den Gegenstandsnotierungen (Architektur, Schiffe, technische Geräte) etwas zurücktritt. Hubbuch verlor dabei nie seinen engagierten Blick auf das Schicksal der sozial Schwachen. Seit der Berliner Periode (1922 – 1924) ließen ihn, der einem humanistisch-sozialen Menschenbild verpflichtet war, die Themenkreise Stadt, Straßenbilder und Menschengesichter nicht mehr los. Mit einem ehrlichen Blick auf die Wirklichkeit malte und zeichnete er Bilder, die eine in Unordnung geratene Welt zeigen. So entstanden betont sachliche, alltägliche Szenen, in denen er die Kehrseiten des Lebens dokumentierte.

Seine künstlerische Methode in dieser Zeit ist die in technischer Perfektion und in ihrer distanzierenden Wiedergabe unterkühlte, collageartige und ironische Interaktion verschiedener Bildelemente und -inhalte, die sich gegenseitig in Frage stellen und verborgene Widersprüche und Zusammenhänge sichtbar machen. (Vgl. Hartmann, in Ausstellungkat. Hannover 1991, S. 12)

Um 1930 verlagerte Hubbuch sein Interesse weg vom Aussagewert des Bildgegenstandes hin zur ausschnitthaften Erfassung des Gesamteindrucks eines Szenariums und seiner Menschen. In spontan skizzierten Arbeiten beobachtete er den Menschen in seinen Aktionen und augenblicklichen Haltungen. Bei den Zeichnungen treten Tusch- und Rohrfeder anstelle des lasierenden, glatten Farbauftrages. Wenige, skizzenhafte und pointiert gesehene Notierungen genügten ihm, um eine „höchst lebendige und differenzierte Charakterisierung von Menschen" sowie den „sozialen Habitus" zu verdeutlichen (vgl. Hartmann, in Ausstellungskat. Hannover 1991, S. 25). Verstärkte Beachtung erfuhren auch wieder sozialkritische Themen. Von der Härte der Erscheinungsform stieß Hubbuch nun zur analytischen Schärfe der Wirklichkeitserfassung. Es entstehen kaum noch reine Objektstudien, vielmehr gewinnen die gesellschaftlichen und politischen Zusammenhänge an Interesse. Die dargestellten Menschen stehen für ihr Milieu und ihre sozialen Bedingungen. Erst die politischen Zustände der Jahre nach 1933 haben „diesen weltfreudigen Elan seiner Kunst" gebrochen. In den fünfziger und sechziger Jahren des 20. Jahrhunderts knüpfte Karl Hubbuch an die „sozialphysiognomischen Darstellungen" der frühen 1930er-Jahre an. So zeichnete er nun Straßen mit ihrem hektisch pulsierenden Verkehr, der Getriebenheit ihrer Passanten und beobachtete analytisch den gesellschaftlichen Alltag (vgl. Hartmann, in Ausstellungskat. Hannover 1991, S. 30). In seinem Spätwerk wächst der Anteil des Satirischen: Hubbuchs grundsätzliche Neigung zu ironisch-karikierenden Darstellungen bricht immer mehr durch.

Weiterführende Literatur:
- **Karl Hubbuch: Gemälde, Zeichnungen, Druckgrafik. Gedächtnisausstellung zum 100. Geburtstag. Grafenau, 1991**
- **Goettl, Helmut/Hartmann, Wolfgang/Schwarz, Michael: Karl Hubbuch. München, 1981**
- **Hartmann, Wolfgang: Karl Hubbach, der Zeichner. Ausstellungskatalog Wilhelm-Busch-Museum Hannover 1991**

Bildvergleich zum Hauptbild:
- **Rebecca Horn: Der Mond, das Kind, der anarchistische Fluss, documenta 9, 1992 (Vgl. KUNST Arbeitsbuch 3)**

Traumwelten

Hauptaufgabe:
Erfinde ein fantastisches Wesen.

Didaktischer Sinn der Hauptaufgabe

Die „inneren Bilder" sind eine wesentliche Quelle des bildhaften Gestaltens in der Kindheit und im frühen Jugendalter. Die Aufgabe des Kapitels 11 steht stellvertretend für den großen Bereich des fantasiebezogenen Bildgestaltens, das das prinzipielle didaktische „Gegengewicht" zum Bildgestalten nach der Anschauung bildet. Das Imaginieren, Fantasieren, Vorstellen will genauso geübt und ausdifferenziert sein wie das genaue Hinschauen und „Abzeichnen" (vgl. Kap. 5 und Kap. 8 mit realistischen und imaginativen Anteilen).

Wichtig ist vor allem, mit geeigneten Methoden die Imaginationsbereitschaft und -freude der Kinder zu wecken. Dabei sind bestimmte Techniken des projektiven Sehens bewährte Übungsfelder. Der experimentelle Charakter surrealistischer Kunst eröffnet ein weites Feld von Darstellungsverfahren. Die fantastische Imagination kann sich dabei entweder gleichsam frei schwebend äußern (halbautomatische Verfahren) – als freies Fabulieren und Erfinden – oder sie kann sich in der spielerischen Kombinatorik gefundener oder erinnerter Elemente betätigen (Collage). Gerade Max Ernsts äußerste Präzision der fantastischen Imaginationen hat sich für Schüler als sehr anregend erwiesen.

Kernkompetenz: Imaginationsbereitschaft und -fähigkeit
Imaginatives Gestalten bedarf zuerst der Bereitschaft und dann der zu erlernenden Fähigkeit, sich innerlich Bilder vorzustellen. Neben niedrigstufigen Formen des Sich-vorstellens von Dingformen und Dingaspekten (vgl. Kap. 8) gibt es die komplexeren der Fantasie: Noch nie gesehene Dinge und Lebewesen, noch nie gesehene Formen, frei erfundene Erzählungen usw. Die vorliegenden Aufgaben versuchen diese freie Imagination mit geeigneten Methoden herauszufordern und zu fördern – vornehmlich als imaginativ-projektives „Hineinsehen" von Gestalten in vorliegende Wahrnehmungsreize, aber auch als fabulierendes Erfinden von fantastischen Figuren, Szenen und Collage-Konstellationen.

Kernkompetenz: Experimentierbereitschaft und -fähigkeit
Anders als das handwerklich streng geregelte Gestalten befreit sich das bildnerische Experiment von Regeln oder setzt gewöhnliche Gestaltungsvorgänge absichtlich regelfrei ein. Die Bildherstellungsprozesse bekommen Anteile von Spiel und Zufall.
Die Schüler sollen lernen, solche Prozesse zu handhaben und „etwas aus ihnen zu machen": Nicht in vorheriger Planung, sondern im Geschehenlassen, Zuschauen und Hineinfantasieren.

Vorschlag für eine Unterrichtseinheit
Gesamtumfang 5 Doppelstunden und Hausaufgaben

1. Doppelstunde:	Einführung und Übungen zu Materialdruck, wie den Verfahren der Frottage und Décalcomanie (Abklatschverfahren). Spiel mit den Materialien und Verfahren. *Hausaufgabe: Herstellung weiterer Versuche*	90 min
2. Doppelstunde:	a) Bildbesprechung Max Ernst: „Zypressen", 1939 (S. 131)	45 min.
	b) Einführung in die Technik des „Hineinsehens" und „Hineinzeichnens/-malens" in halbautomatisch erzeugte Bilder; Erklärung der Möglichkeiten der Collage. Erste Versuche und Übungen: „Verborgene Wesen" finden und herausarbeiten. *Hausaufgabe: Lesen der Seiten 130–141. Sammlung geeigneter Bildmaterialien für Fantasiecollagen*	45 min.
3. + 4. Doppelstunde:	Themenstellung Hauptaufgabe und Arbeit am Thema mit den selbst hergestellten und gesammelten Bildmaterialien. *Hausaufgabe: Erfindung einer Erzählung zum Bild*	90 + 90 min.
5. Doppelstunde:	Letzte korrigierende Arbeiten zur Fertigstellung. Vorstellung der Arbeiten mit den dazu vorgetragenen Erzählungen. Besprechung und Ausstellung.	90 min.

Erwartungshorizont und Tipps zur Durchführung der Aufgaben

Die Schwierigkeiten bei der Bearbeitung der Hauptaufgabe liegen darin, die komplizierten technisch-handwerklichen Verfahren so einzubinden, dass dennoch ein Übergewicht auf der Seite der Gestaltung und des Ausdrucks entsteht: Einerseits muss der Schüler diesen Prozessen freien Lauf lassen, muss ihnen lustvoll, interessiert und gebannt zusehen, andererseits muss er sie wieder „einfangen" im Rahmen eines durchs Thema benannten Gestaltungsziels. Die Balance zwischen „geschehen lassen" und „gestalten" zu finden, ist der didaktisch zentrale Punkt der Aufgabenstellung.

Technische/gestalterische Tipps und Varianten zum imaginativ-projektiven Sehen
- Es ist auch möglich Fotografien zu überarbeiten. Digitale Bilder von Wolken, von alten Mauern, von Erdreich, Rinde oder Blättern auf dem Boden können auf Zeichenpapier ausgedruckt werden und dann mit Farbe übermalt oder mit Feder überzeichnet werden. Wichtig ist, dass die Überarbeitung „schonend" und nicht einfach überdeckend geschieht: Es soll mit offenen Stellen gespielt werden, die Bildassoziationen sind eher anzudeuten als vollständig auszuformulieren.
- „Wolkenfilm" – eine interessante Spielvariante besteht darin, ein Wolkenvideo aufzunehmen und es länger gemeinsam zu betrachten: Jeder darf zu den sich langsam verändernden Formen seine Assoziationen und Ideen in den Raum rufen.
- Auch die von Max Ernst angewandte Technik des zeichnerischen oder malerischen Überarbeitens von Abreibungen (Frottagen, vgl. S. 140) kann zu ähnlichen Ergebnissen führen.
- Überarbeitungen von vorliegenden Bildern oder Reizanlässen sind auch von anderen Künstlern in abweichender Form praktiziert worden, etwa von Joan Miró oder Asger Jorn. Anders als bei Max Ernst geschah dort die Übermalung nicht in leiser und fast unkenntlicher Weise, sondern mitunter sehr heftig, überdeckend, grob und zeichenhaft.

Weiterführende Literatur:
- KUNST+UNTERRICHT, 223/224, 1998: Drucken
- KUNST+UNTERRICHT 179, 1994: Zufall
- Brügel, Eberhard: Praxis Kunst – Zufallsverfahren, Schroedel 2000
- KUNST 5–10, 6/2007: Drucken

Hinweis zum KUNST Bildatlas:
Max Ernst: L'œil du silence (Das Auge der Stille), S. 58/59

Thementipps:
Alternative Themenstellungen zur Hauptaufgabe
- **Der „Erlkönig“ von Goethe: Im Nebel und in alten abgestorbenen Bäumen „sieht“ das Kind bedrohliche Spukgestalten.**
- **„Geister in meinem Zimmer“: Nächtliche Schatten an Wänden und auf dem Fußboden werden zu Spukgestalten.**
- **„Wolkenbild“: Mit Abklatschverfahren und verlaufender Farbe wird ein atmosphärischer Wolkenhimmel erzeugt, der dann mit formverstärkenden Mitteln zu Fantasiegestalten überarbeitet wird.**

- Ein weiteres bekanntes Verfahren, bei dem in zufallsgenerierte Formen Bildimaginationen hineinprojiziert werden, ist das zum Jahreswechsel verbreitete „Blei- oder Zinngießen“. Die entstandenen Formen muss man drehen und wenden, bis sie von einer bestimmten Seite her „an etwas erinnern“. Das funktioniert z.T. auch mit dem Material Wachs – gegossen in kaltes Wasser.
- Man kann dabei auch das Schattenspiel zu Hilfe nehmen: Die Form wird dann vor einer Lichtquelle so lange gedreht, bis in der Schattenprojektion eine „erkennbare“ Gestalt entsteht. Diese Spielform des imaginativen Sehens macht Spaß und hat einen guten Übungseffekt: Die Fantasie wird „gelockert“, man kann sich gegenseitig darin übertreffen, Gestalten oder Szenen „zusammenzuspinnen“. Das wäre dann malerisch oder zeichnerisch umzusetzen.

Zum freien Imaginieren
- „Écriture automatique“ zum eigenen Bild oder zum Bild von Max Ernst: Fünf Minuten lang alle Gedanken zum Bild aufschreiben, ohne Pause, wenn einem nichts mehr einfällt, Kringel zeichnen, bis der nächste Gedanke auftaucht.
- Traumhaus: Man stellt sich ein Haus vor und betritt die Räume in Gedanken. Man sucht sich einen Raum aus und versenkt sich in diese Vorstellung. Man schaut sich genau um, nimmt mit allen Sinnen wahr, sucht sich einen Platz zum Ausruhen, Einschlafen, Träumen: Was passiert im Traum?

[1]

[2]

Zwei verschiedene Lösungen der imaginativen Nutzung von fotografisch festgehaltenen Strukturen (6. Klasse). Gearbeitet wurde mit farbigen Kreiden und Stiften auf Fotokopien.
In [1] nutzt der Schüler die Rindenstrukturen, um große zeichenhafte Figuren zu entwickeln. Aus dem linken Ast wurde ein blauer Elefant.
In [2] erscheint in der Mauerstruktur eine Landschaft aus Bäumen und Pfützen. Die Baumformen wirken allerdings sehr grob „aufgesetzt“. Es wäre durchaus möglich, auch feinere Formen des „Hineinzeichnens“ zu entwickeln.

Zum Collagieren
Grundsätzlich ist die Frage, ob man bei der Collage additiv-zusammenstückelnd vorgeht (zusammengesetzte Collage) oder ob man ein geschlossenes Ausgangsbild durch Einfügungen verfremdet (überdeckende Collage). Beide Wege haben didaktische Vorzüge, bergen aber auch bestimmte Schwierigkeiten. Wichtig ist, den Schülern den gestalterischen Unterschied zwischen willkürlichem „Zusammenwürfeln" von Bildteilen und integrativem Zusammenfügen klarzumachen.

Regeln für die überdeckende Collage:
- Farbstimmigkeit beachten
- Größenverhältnisse und Raumrichtungen beachten

Eine überdeckende Collage ist dann gut, wenn man die manipulativen Veränderungen nicht gleich auf den ersten Blick bemerkt, wenn also das Gesamtgefüge bruchlos wirkt.

Regeln für die zusammengesetzte Collage:
- Farbzusammenhänge beachten
- Übergänge besonders sorgfältig gestalten
- sorgsame Arbeit an den Details

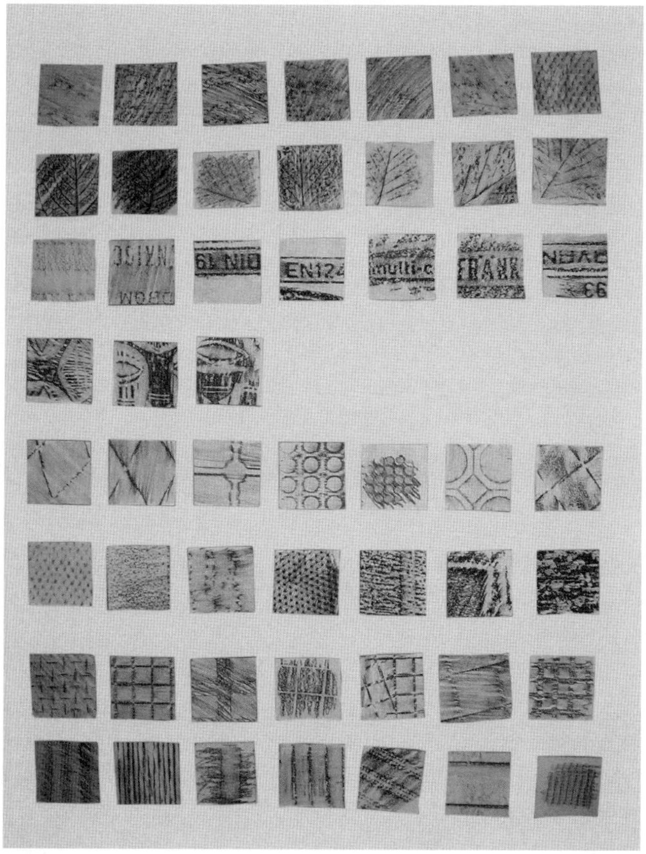

[3] Eine Posterpräsentation mit gesammelten Materialabreibungen (vgl. Übung 1, S. 140)

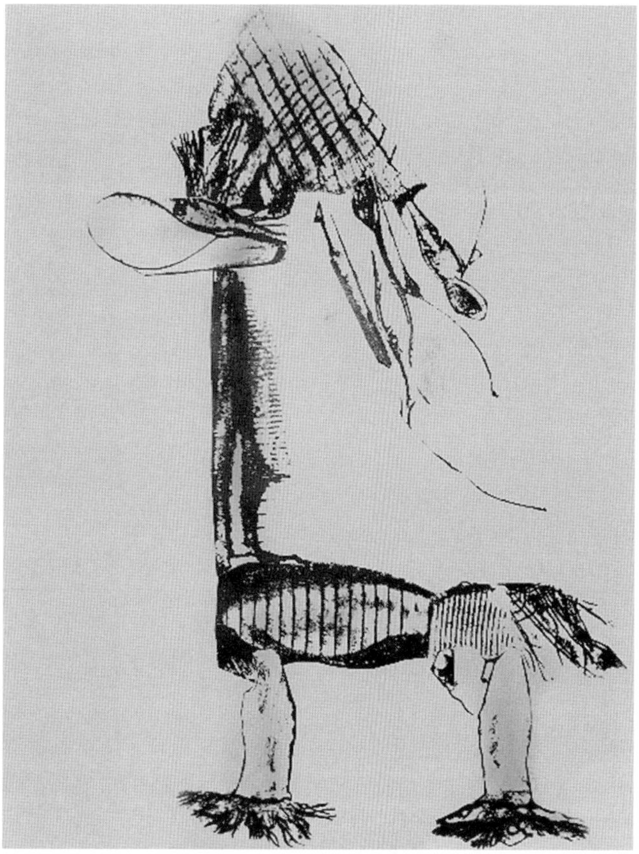

[4] Collage aus vorhandenen ausgeschnittenen Materialdruck-Teilen

Während es in dem einen Fall nur um das Erkennen und Verdeutlichen unterschiedlicher Muster und Strukturen geht, geht es im anderen Fall um das Entwickeln einer Großform. Die verschieden strukturierten Einzelteile werden im Hinblick auf ihre sinnvolle Integrierbarkeit in eine Gesamtgestalt überführt.

[5] Schüler einer 6. Klasse bauen aus Kartons und Pappmaché ihre „Traumhäuser“ (vgl. Übung 1, S. 143).

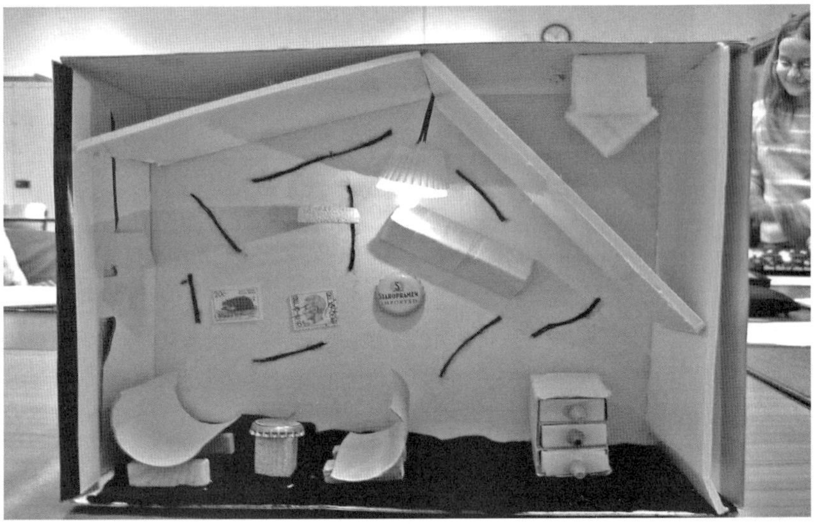

[6] Traumhäuser als Wohninterieurs (vgl. Übung 1, S. 143)

Zum Hauptbild

Biografische Hinweise

Max Ernst (1891 - 1976) stammte aus Brühl im Rheinland. Er studierte an der Universität Bonn Psychologie, Philosophie und Kunstgeschichte. Über die Begegnung mit Künstlern wie August Macke, Hans Arp und Robert Delaunay kam er zur ursprünglich eher expressionistischen Malerei und dann über George Grosz und Wieland Herzfelde zum Dadaismus. Seit 1922 in Paris lebend, knüpfte er Kontakte zu den Surrealisten und beteiligte sich an deren Ausstellungen. Er erfand eine Reihe halbautomatischer künstlerischer Techniken und entwickelte eigene Wege zum „automatistischen" Gestalten. Während der 1930er-Jahre, als er in Deutschland als „entartet" galt, beschäftigte er sich sowohl mit Skulptur als auch mit Malerei. Es entstanden die Bilder von „Versteinerten Städten", „Ruinenlandschaften" und „Dschungellandschaften", die auch als politisch-geschichtliche Metaphern zu verstehen sind.
1946 siedelte er nach Arizona/USA über, 1953 ging er wieder nach Paris. Später lehnte er die Ehrenbürgerschaft seiner Heimatstadt Brühl ab und starb - mit internationalen Ausstellungen und Auszeichnungen hoch geehrt - 1976 in Paris.

Zum Bild „Zypressen", 1939

Das Bild gehört in eine große Gruppe vergleichbarer, ähnlicher Werke mit Landschaften. Felsen, Wolken, Pflanzen, Lebewesen - alle Naturformen zeigen dabei die gleichen Gestaltungseigenschaften: Frei wuchernde Formen und Strukturen, die in unendlichen Wellen, Schwellungen und Variationen auseinander hervorzugehen und wieder ineinander zu fließen scheinen. Man denkt an Flüssigkeiten, Unterwasserwelten, geheimnisvoll wuchernde Kristalle, Quallen, Schlieren von Öl in Wasser, an Mikroorganismen, Pilzwachstum, an chemische Reaktionen usw.

Betrachtet man genauer, wie diese Gemälde rein technisch „gemacht" sind, so kann man drei verschiedene Prozesse unterscheiden:

1. Halbflüssige Farben (Ölfarben, rotbraun, ocker, gelbliche und gelb-grünliche Töne) werden auf Glasplatten verrührt und teilweise vermischt. Dann wird die Malleinwand auf die Farboberfläche gelegt , etwas gedreht, gezogen und schließlich abgezogen. Alle Farbstrukturen, Farbgerinsel, Farbwolken drucken sich auf der Leinwand ab (vgl. auch Décalcomanie).
2. Nach einem ersten Zwischentrocknungsprozess wird durch entscheidende malerische Eingriffe der Bildraum organisiert: Der „Himmel" wird mehr oder weniger geschlossen und überdeckend hellblau übermalt, darunter eine zart violette Schicht von „Hügeln". Dadurch werden die großen „Zypressen" und die Wachstumsformen im Vordergrund freigestellt.
3. Nun werden in einem zweiten, wesentlich feineren malerischen Eingriff mit Hilfe dunkler, grünlicher, violetter, gelbbrauner und hellgelber Farbtöne die feineren Formstufungen im Vordergrund getrennt und akzentuiert. Es werden Teile der getrockneten Farbpartien leicht überlasiert, es wird in die amorphen Strukturen hineingezeichnet. Dabei entstehen blütenartige Formen, Gesichter und feine Figuren.

Weiterführende Literatur:

- Spies, Werner (Hg.): Max Ernst – Leben und Werk, Köln 2005

Ferne und fremde Welten

Hauptaufgabe:
Entwirf ein Schattenspiel über einen modernen Helden.

Didaktischer Sinn der Hauptaufgabe

Die Hauptaufgabe ermöglicht den Schülern, sich mit den unterschiedlichen Facetten und Schwierigkeiten des Theaterspiels insbesondere des Schattenspiels mit Stabfiguren sowie des personalen Schattenspiels bekannt zu machen. Gefordert sind dabei bildhaftes und narratives Vorstellungsvermögen, handwerklich technische Fähigkeiten, strukturierendes Planen, ermöglicht werden Übungen im Umgang mit Spielträgern oder Erprobung der Ausdrucksmöglichkeiten mit dem eigenen Körper.
In diesem Rahmen lernen sie, einen Helden zu erfinden und dessen Geschichte textlich festzuhalten. Dabei stellt sich das Problem, Merkmale einer antiken Heldenfigur auf die heutige Zeit zu übertragen. Deshalb wird die begriffliche Klärung, dessen, was die Menschen der Antike unter einem „Helden" verstanden, die geistige und planerische Basis bilden. Diese führt über szenische „Aufwärmübungen", Bühnen und Figurenbau (oder Training mit dem eigenen Körper), die Erstellung eines detaillierten Regieplans bis hin zu Proben und letztlich der Theateraufführung. Die Herstellung von Stab-Spiel-Figuren, die jeweils auf eine abstrakte „flache" Umrissform reduziert sind, fördert die Abstraktionsfähigkeit der Schüler.

Kernkompetenz: Spielfreude
Die Aufgabenstellung kommt dem Drang der Kinder zum Spielen sowie ihrer Freude an Bewegung entgegen. Dabei ist das Spielen um seiner selbst willen oft genug, kann aber auch als zielgerichtetes Rollenspiel kultiviert werden. Das Schattenspiel, sowohl als Stabfigurenspiel wie auch beim direkten Einsatz des Körperschattens der Schüler, „übersetzt" diese Spielfreude in geregelte Gestaltung. Spontane Lust an Formerfindungen und an der Bewegung dieser Schattenformen kennzeichnen dieses Vorhaben. Eine entscheidende Voraussetzung für das Gelingen der geplanten Inszenierung ist dabei sicher die Vereinigung der spielerischen Unbefangenheit mit dem gestalterischen Denken.
In jedem Fall stärken die Trennung von Spielfigur und Schattenbild wie auch das „Verborgensein" der Spieler hinter der Projektionswand den Mut zur Vorführung spontaner und geübter Szenen.

Kernkompetenz: Abstraktionsfähigkeit
Der Ausführung des Schattenspiels verlangt von den Schülern Abstraktionsfähigkeit. Sie lernen wahrzunehmen, dass die Spielschatten von den vielen Real-Kategorien wie Binnengliederung, Farbe, Stofflichkeit und Plastizität befreit sind. Damit kann ihnen bewusst werden, welche anderen form- und ausdruckssteigernden Gestaltungsmöglichkeiten ein flächiger Hell-Dunkel-Kontrast eröffnet. Die Beteiligten werden so in ihrer dem Alter entsprechenden Suche nach Wahrnehmungsdifferenzierung um die Übung zusammenfassenden Wahrnehmens (Integration) bereichert.

Vorschlag für eine Unterrichtseinheit
Gesamtumfang 8 Doppelstunden und Hausaufgaben

1. Doppelstunde:	„Gibt es moderne Helden?“, allgemeine Kennzeichen, Ideensammlung, Entwurf „Helden-Taten“ (schriftlich) *Hausaufgabe: Geschichte fertig schreiben*	90 min.
2. Doppelstunde:	Entwürfe der „Taten“ vorstellen, Diskussion und Selektion, evtl. Abstimmung *Hausaufgabe: Verbessern der Vorschläge*	90 min.
3./4. Doppelstunde:	Lockerungsübungen, personales Spiel und Schattenspiel, freie und inhaltlich gebundene Improvisationen, Bau der Bühnen und Stabfiguren, Improvisationen und Übungen, Einbeziehung von Farblicht und Schattenobjekten *Hausaufgabe: Stabfiguren fertigstellen*	180 min.
5./6. Doppelstunde:	Übungen im personalen Schattenspiel, Integration von Farblicht, Gegenständen, Sprache, Musik und Stabfiguren – freie und gebundene Übungen *Hausaufgabe: Üben der Figurenführung*	180 min.
7./8. Doppelstunde:	Erstellen eines Regieplans für die gesamte Szenenfolge „Ein moderner Held“, Üben aller Szenen *Hausaufgabe: Gegenstände, Farbe, Licht, Musik oder Klangmittel zusammensuchen; Lesen und Einprägen des Regieplans (Kopie)*	180 min.

Erwartungshorizont und Tipps zur Durchführung der Aufgaben

Zur Hauptaufgabe
Am Beginn sollte nach der Festlegung (Diskussion) des Themas (s. hier Thementipps S. 90) eine detaillierte Klärung des Inhalts stehen. Die methodischen Wege (Arbeitsformen) zu dieser Präzisierung sind vielfältig. Besonders bieten sich zwei Möglichkeiten an: Entweder planen Schüler oder Schülergruppen die epische Folge mehrerer Heldentaten oder verschiedene Schüler oder Gruppen entwerfen die Handlungsfolge jeweils einer einzigen Heldentat des Protagonisten. Auch hier scheint allein aus Gründen der Motivation eine Methodenentscheidung im Gespräch sinnvoll. Dabei ist zu berücksichtigen, dass eine zu große Zahl von Ideen und Handlungsvorschlägen den Unterrichtsgang verlängert und erschwert. Die Arbeitsform wie auch die Größe der Gruppen unterscheiden sich je nach Konzeption, Übung und Klassengröße, so dass dieser rhythmische Wechsel im Bezug auf die jeweilige Übung oder Aufgabe von enorm großer Bedeutung sein wird.
In der Entwicklung der Heldenerzählungen wird der Schüler oder die Gruppe vor allem darauf achten müssen, dass eine „Gestalt“ gefunden wird, deren Handlungen den gemeinsam festgelegten Kriterien des Heldenhaften entsprechen und deren Vorstellungen auch im Text vermittelt werden. Ist dies geschehen, schließt sich ein Gespräch über Entwürfe und eine Entscheidung durch Abstimmung an.
Als Vorbereitung können die Aufgaben auf Seite 148 f. ausgeführt werden. Wesentlich ist die Erfahrung der Flächenhaftigkeit der Figuren und die Bedeutung des Umrisses für den Ausdruck der Schatten. Die Aufgabe 2 fordert in kleinerem Maßstab die wesentlichen Planungsschritte und technischen Vorbereitungen, die auch für das Hauptthema nötig sind. Im Blick auf den Typus des Spiels der Hauptaufgabe kann es von großem Vorteil sein, sich sehr frühzeitig für das personale oder das Stabfigurenspiel zu entscheiden.

Weiterführende Literatur:
- KUNST + UNTERRICHT 168/1992: Schattenspiele
- KUNST + UNTERRICHT 209/1997: Griechische Mythen
- KUNST + UNTERRICHT 321/322/2008: Theater
- Blahak, Dieter: Der Trojanische Krieg. Ein Schattenspiel für die 5./6. Klasse, Donauwörth 2005

Hinweise zum KUNST Bildatlas:
- S. 100/101, S. 234–239

Das Schattenspiel üben (Übung 1, S. 151)
Zu Beginn stehen die spielerischen Schattenübungen, die allmählich an Genauigkeit der Bewegungen und auch an Fokussierung auf einen bestimmten Ausdruck hin zunehmen. Vor diesen Übungen hat es sich bewährt, anfangs Phasen körperlicher wie psychischer Lockerung durchzuführen. Sie bereiten den schwierigen Schritt der Schüler vor, der sie in ihre Rolle wechseln lässt, in der sie ungewohnte Bewegungen ausführen und ihren eigenen Bewegungsraum eng mit den Mitspielern verzahnen. Begonnen werden kann mit einer psychischen „Entfesselung" (Grimassen schneiden, tanzen, durcheinander wirbeln, krabbeln, kriechen, schreien, singen – ungeordnet oder wechselnd auf Zeichen hin). Zur folgenden Konzentration führen Beruhigungsphasen wie pantomimenartige, sehr langsame Bewegungsfolgen – die Themen werden dabei mittels Tafelanschrieb vorgegeben – oder auch Traumreisen, leise Musik hören usw. Denkbar ist auch das leise Vorsprechen von Einzelszenen des Heldenspiels. Diese Lockerungen sollten möglichst oft die Spielversuche einleiten. Dadurch besteht die Möglichkeit, die Schüler stärker aus ihrer Schülerrolle heraus zu lösen, die sie ja physisch wie psychisch oft stark einschränkt. Um zielgerichtete Schattenübungen einzustudieren, ist es sinnvoll, für Ruhe bei Zuschauern wie bei den Spielern zu sorgen, so dass die Erfindung der Figuren und Handlungen aufmerksam beobachtet und verbessert werden kann. Gleichzeitig ist es denkbar, dass die Beleuchter mit unterschiedlichen Farben und Lichtstärken experimentieren und dabei erproben, das Spiel durch Requisiten zu erweitern (vgl. S. 151, Abb. [11 + 12]). Unter diesem Aspekt kann auch fächerübergreifend bzw. -verbindend mit dem Fach Sport zusammengearbeitet werden.

Thementipps zur Hauptaufgabe und mögliche Durchführungsvarianten:
Die Hauptaufgabe setzt eine gemeinsame Klärung des „Heldenbegriffs" (s.u.) und auch das voraus, was unter „modern" verstanden werden kann.
Dies kann wie folgt eingeleitet werden:
- **Sammlung von „Helden", die die Schüler aus moderner Literatur, Film, Comic usw. kennen.**
- **Sammlung von „Helden", die sie heute für Helden halten, z. B. aus den Bereichen Sport, verschiedenen Religionen, Politik, Kultur (Musik, Kunst, Tanz, Literatur, Architektur)**

Mögliche Themen:
- **„Helden", die Geiseln befreiten, Geschichten von mutigen Menschen (im Alltag, der Schule, als Arzt usw.), ein sensationeller Sieg im Sport. Die Themen eignen sich sowohl für das Stabfigurenspiel wie auch für das personale Schattenspiel. Eine besondere Variante bietet sich in einer Mischung aus beiden Spielarten.**

Begriffsklärung „Held":
Durch kühne Taten sich auszeichnender Mann, tapferer Kämpfer (althochdeutsch helido). Seit dem 18. Jh. steht Held nach dem Vorbild von engl. Hero auch für Hauptperson eines literarischen Werkes, dann für Hauptgestalt einer Begebenheit und bezeichnet schließlich den, der auf seinem Gebiet Hervorragendes leistet.
„heldenhaft" Adj.: sehr tapfer, heroisch (17. Jh.); „Heldenmut": heldenhafter Mut, große Tapferkeit.

Einfacher Bühnenaufbau für ein Schattenspiel (Übung 1, S. 152)
Die nötigen Materialien und die Bühnenform sind im Buch aufgelistet. Wichtig dabei erscheint, entweder die Größe der Bühne im Vorhinein festzulegen und die Maße der Figuren entsprechend zu bemessen oder nach dem Figurenbau die Bühnengröße zu bestimmen. Bei allen Bühnen sollte man darauf achten, dass das Spiel jeweils von heftigen Bewegungen mehrerer Spieler geprägt sein kann, so dass eine recht große Stabilität der Konstruktion gewährleistet sein muss.

Stabfigurenbau (Übung 2, S. 152)
Beim Bau der Stabfiguren ist neben dem der Rolle entsprechenden Umriss zu bedenken, dass die Figurenform nicht zu sehr aufgelöst ist, so dass der dünne Holzstab (Kantstab oder Flachholz mind. 4 x 4 mm) gut befestigt werden kann, da er die gesamte Figur und die beim bewegten Stabspiel entstehenden Bewegungen aushalten muss. Für die bewegten Körperglieder reichen dünne Kupferdrähte (Schweißdraht) aus.

Projektor und Figurengröße (Übung 1, S. 154)
Diese Übung zeigt in der Anwendung einer kleinen Szene die Möglichkeiten auf, die durch die Variation der Lichtfarbe (farbige Folien), des Figurenstab- oder Spielerabstandes zur Schattenwand und der Gestaltung der Grundfläche durch Bildprojektionen (Dia, Video usw.) vorhanden sind. Bei dieser Übung kann eine Gruppe von Schülern auch bereits durch Beobachtung und Mitschreiben eine Art Grob-Regie-Plan erstellen. Die Distanzversuche zeigen, dass die Spielfigur mit wachsendem Abstand größer wird und gleichzeitig die Schärfe ihres Umrisses nachlässt. Der Einsatz der Lichtfarbe kann zur Steigerung der Dramatik wie auch der Beruhigung der Szene dienen, aber auch gegenständlich-flächige Formen erzeugen (geschnittene Folien auf einer Grundfolie). Wichtig ist dabei auch der Figur-Grund-Kontrast: Der starke Kontrast lässt die Figuren deutlich hervortreten, minimaler Kontrast bringt sie hingegen fast zum Verschwinden. Dies gilt auch für den Einsatz von Videofilm und Dia, die den Charakter der Schattenfiguren und die Handlungszusammenhänge noch zu unterstreichen vermögen. Auch Musik kann hier hilfreich sein, weshalb auch interdisziplinär mit dem Fach Musik zusammengearbeitet werden kann (Klänge werden von Schülern komponiert bzw. reproduziert).

Regieplan (Übung 2, S. 155)
Die Schüler sollen in dieser Übung die analytische Form eines Plans erkennen, der die verschiedenen Handlungen und Spielpersonen zeitgleich notiert und dazu noch die Medien Licht/Projektion sowie Ton und Musik benennt, die den Handlungsteil mitbestimmen.
Auch die sehr übersichtliche Gesamtform und die stichwortartige Verkürzung gilt es in ihrer Wichtigkeit zu erkennen. Der Regieplan ist die Voraussetzung für die ständige Modifizierung des Spiels während der Proben. Diese Arbeit benötigt große Imaginationskraft, denn die textlich vorhandenen Szenen sind für den Regieplan in ihrem multifunktionalen und multimedialen „Bildraum" zu erfinden und möglichst kurz und präzise zu registrieren. Dazu braucht es Konzentration und differenzierte Wahrnehmung.
Der Lehrer muss dabei immer den Gesamtprozess im Blick haben und gegebenenfalls Schüler für die Übernahme bestimmter Aufgaben festlegen, Planungsteile erarbeiten oder den besten Gruppenplan auswählen. Es ist auch denkbar, dass einzelne Gruppen sich nur um bestimmte Spielelemente kümmern, wie z. B. Spielablauf, Licht-Farbe-Umfeld, Ton-Geräusch usw. Alle diese methodischen Ansätze zielen auf einen einzigen Regieplan hin, der dann als Richtschnur für alle weiteren Proben und Aufführungen gilt.

[1] Hinter einem aufgehängten und mit dem Overhead-Projektor beleuchteten Laken üben die Schüler einzelne Szenen im personalen Schattenspiel. Es geht hier um die Aussagekraft von Silhouetten. Die Szenen wurden dem Thema „Fußball" entnommen. Die Schüer lernen, Ausdrucksbewegungen in einem „guten" Moment „einzufrieren". Anschließend wird an den Körperhaltungen der Figuren in gemeinsamer Arbeit „gefeilt", bis alle für die szenische Aussage wichtigen Körperteile und Bewegungen sichtbar sind, wie z. B. verborgene, verkürzte oder angeschnittene Gliedmaßen. Die Profil-Silhouette ist dabei häufig günstiger als die Frontalität.

Das methodische Üben mit solchen Schatten-Standbildern ist die Grundvoraussetzung sowohl für ein gut gestaltetes personales Schattenspiel, als auch für die Herstellung guter Spielfiguren.

[2] Diese Zeichnungen entstanden nach Schatten-Standbildern. Es handelt sich um einen Fensterputzer sowie um einen Schiedsrichter beim Pfiff. Die Zeichnungen belegen sehr anschaulich, welche Schwierigkeiten die Schüler einer 5. Klasse haben, das gesehene Schattenbild konsequent in eine „abstrakte" Silhouette zu verwandeln.

[3] Ein anderer Weg zu aussagestarken Silhouettenbildern zu kommen, ist die Anfertigung einer digitalen Fotografie. Hier haben Schüler einer 6. Klasse einen Diskuswerfer nachgestellt. Die Fotografie wurde anschließend mit einem einfachen Bildbearbeitungsprogramm („Ausmalen" des Umrisses mit dem digitalen Werkzeug „Pinsel") in ein Schattenbild umgewandelt. Stärken und Schwächen der Silhouettenform sind hier deutlich sichtbar.
Der Weg über die Fotografie beinhaltet allerdings nicht dieselbe abstrahierende, gestalterische Leistung wie das freie zeichnerische Arbeiten nach projizierten Schattenbildern. Es kann aber eine Übung sein, um etwa die großen Qualitäten griechischer, ägyptischer oder fernöstlicher Schattenfiguren zu ermessen.

[4] Ein hilfreicher Unterrichtsexkurs kann zur Vasenmalerei mit schwarzen Sinterengoben führen. Hier wurden in einer 6. Klasse Anregungen aus der griechischen Vasenmalerei einmal direkt umgesetzt – in freier Imagination – und einmal auf der Grundlage fotografischer Vorlagen. Die aus der Fotografie abgeleiteten Schattenbilder sind dabei jedoch häufig den frei imaginierten Malereien deutlich unterlegen.

[5] Als weiterer Exkurs bietet sich der schwarz-weiße oder farbige Scherenschnitt an. Die hier dargestellte Fußballszene gründet anfänglich in den Schattenversuchen mit lebenden Figuren (vgl. [1]). Die Umrisse wurden dann aber in freier Imagination gestaltet. Das Ergebnis zeigt, dass der Schüler (5. Klasse) die abstrakten formalen Gestaltungsregeln der Silhouettenfigur schon gut verstanden hat. Es gelingt ihm, trotz des erzwungenen Verzichts auf Binnendetails, alle wichtigen Gliedmaßen in ihren ausdrucksstarken Bewegungen deutlich zu zeigen. Er schafft es sogar, Details wie die Ränder der Kleidung oder Schnürsenkel darzustellen.

[6] Wesentlich starrer und damit auch undifferenzierter ist diese Darstellung aus einer 5. Klasse. Der Vergleich mit [5] zeigt den Spielraum im Erwartungshorizont der Aufgabenstellung.

[7] Diese Abbildungen zeigen weitere interessante Ideen zum Schattenbild und können zur Inspiration für Bildvorlagen oder Arbeitsmethoden dienen.

Zum Hauptbild

Aus den Taten des Herakles

Der Kampf mit dem Löwen
Als erste Arbeit befahl ihm der König das Fell des Neměischen Löwen herbeizubringen, der in den Wäldern des Peloponnes hauste. Man sagte dem Untier nach, es sei menschlichen Waffen gegenüber unverwundbar. Herakles suchte es in den Waldgebirgen auf und stellte es zum Kampf. Doch die Pfeile, die er gegen den Löwen richtete, fielen kraftlos zu Boden; es war, als schösse er gegen eine steinerne Wand. Da wickelte der mächtige Held den Mantel um den linken Arm, schwang seine gewaltige Keule gegen das Tier und traf es im Sprung, dass es zu Boden stürzte. Ehe es sich erheben konnte, war der Starke über dem Löwen, packte ihn von hinten, drückte ihm mit seinen gewaltigen Fäusten die Kehle zu und erwürgte ihn.
Lange mühte sich der siegreiche Held vergeblich, das Fell des besiegten Tieres abzuziehen, bis er schließlich auf den Gedanken kam, es mit den scharfen Klauen selbst aufzuschneiden und abzuweiden. Das herrliche Fell trug er von nun an als Mantel. Den Rachen setzte er sich wie einen Helm aufs Haupt.
Als der hinterhältige Eurystheus, der nicht mit Herakles Rückkehr gerechnet hatte, ihn mit der Löwenhaut angetan siegreich heimkommen sah, packte ihn eine solche Angst vor der Götterkraft des Helden, dass er sich in den hintersten Winkel seines Palastes verkroch.

Die Hydra
Als der König wieder hervorgekommen war, übertrug er Herakles als zweite Arbeit, die furchtbare Hydra zu erlegen, die in der Landschaft Argolis den Viehherden schweren Schaden zufügte und die Felder der Bauern verwüstete. Sie war ein gewaltiges Schlangentier mit neun Köpfen, von denen acht sterblich, der in der Mitte aber unsterblich war.
Herakles ging sogleich ans Werk. Er wickelte Werg, getränkt mit Pech und Schwefel, um seine Pfeile und richtete sie brennend auf das Untier, das sich in der Nähe seiner Höhle in einer Quellgrotte sonnte. So zwang er es aus seinem Schlupfwinkel herauszukommen. Die fürchterlichen Köpfe drohend emporgerichtet fuhr es auf den Helden los. Doch Herakles schwang unerschrocken seine Keule und zerschlug ihm ein Haupt nach dem anderen. Trotzdem schien alle Mühe vergeblich: Wo er ein Haupt zerschmettert hatte, da sprossen zwei neue an dessen Stelle. Zugleich kroch ein gewaltiger Krebs aus der Höhle hervor um der Hydra zu helfen.
Aber auch in dieser Bedrängnis verließ den Helden der Mut nicht. Durch einen wuchtigen Keulenhieb zerschlug er der kriechenden Hydra das Rückgrat. Dann ließ er sich von seinem Gefährten, der ihn im Wagen zum Kampfplatz geführt hatte, eine Fackel reichen. Er steckte den nahen Wald in Brand, riss einen brennenden Baum nach dem anderen heraus und stieß damit sogleich in die neu hervorsprießenden Häupter des Ungeheuers, dass sie nicht wieder nachwachsen konnten. So gewann der Held Gewalt über die Vielzahl der Schlangenhäupter und konnte dem Ungetier nun auch das unsterbliche Haupt vom Rumpf schlagen. Er verscharrte es am Wegrand und wälzte einen gewaltigen Stein darüber. In das giftige Blut der Schlange tauchte er die Spitzen seiner Pfeile und machte sie dadurch zu einer unwiderstehlichen Waffe. Wer von dem Pfeil, sei es Mensch oder Tier, auch nur geritzt wurde, der war dem Tod verfallen. Froh, das Land von der Plage befreit zu haben, kehrte der Held dann zum König zurück. Doch hier erwartete ihn schon ein neuer Auftrag.

(Zitiert nach Gustav Schwab: Griechische Sagen, Deutscher Taschenbuchverlag München, 2008)

So stelle ich mir die Welt vor

Hauptaufgabe: Stelle dein persönliches Weltbild dar.

Didaktischer Sinn der Hauptaufgabe

Diese Aufgabe vereinigt eine Fülle von bisher Gelerntem – nicht nur aus diesem Kapitel – in sich und bringt es zu einer Anwendung, die eine sehr persönliche Stellungnahme beinhaltet. Die extrem herausfordernde Aufgabe eines „Weltbildes" kann sinnvoll nur in Auseinandersetzung mit anderen „Weltbildern" und deren bildhafter Darstellung in der Kunst geleistet werden. Nicht, um die Fantasie einzuengen, sondern um sie herauszufordern und zugleich gangbare Wege zu imaginativen Bildkonstruktionen kennen zu lernen.
Der Doppelsinn von „Weltbild" ist zu beachten: einerseits bildhaft und sinnlich, andererseits aber inhaltlich-konzeptionell, also mit einer geistigen Deutung. In beide Richtungen kann sich die Aufgabe entwickeln.
Die Aufgabe ist eine Weiterführung und Transformation der Aufgaben in den Kapiteln 10 und 12. Inbegriffen sind Aspekte der freien Imagination, der deskriptiv-realistischen und der konstruktiven Raumgliederung, der Narration, des Nachdenkens über das eigene Leben, über Stadt und Landschaft, über physische Natur, Geographie und Kosmos, über Religion, Wertsysteme usw. Aus all diesen Vorstellungen soll ein Bild imaginiert werden und dann in Einzel- oder Gruppenarbeit als komplexe Malaufgabe durchgeführt werden. Der imaginative „Entwurf" und die detaillierte Ausführung sind gleichermaßen gefordert.
(Mögliche Einstiegs- und Durchführungsvarianten befinden sich auch in der Einleitung in diesem Band sowie im KUNST Bildatlas S. 194/195.)

Kernkompetenz: Komplexe Imagination
Anders als die elementare Imaginationsfähigkeit – wie z. B. die Vorstellung eines Stuhls (vgl. Kap. 8) – wird in der vorliegenden Aufgabe die Imagination komplexer Zusammenhänge gefordert und gefördert. Es geht um das zeichnerische Imaginieren, Ordnen und Gestalten eines umfassenden Zusammenhanges von Dingen, Orten und Sinnbezügen. Dabei geht es sowohl um die Quantität der Imagination, um ihren Reichtum, als auch um ihre Qualität, ihre Differenziertheit und fantasiereiche Öffnung zu vielen Aspekten der Welt. Außenwahrnehmung und Innenwahrnehmung, symbolische und mediale Bildwelten können hier einfließen und komplex synthetisiert werden. Darüber hinaus geht es um das zeichnerische Nachdenken über Bedeutungen und emotionale Bewertungen, schließlich über Grenzfragen des Weltverstehens – in visuell-anschaulicher Form.

Kernkompetenz: Bildnerische Planung
Handwerklich-gestalterische Werkvorgänge im Bereich der Malerei erfordern – wenn sie über das unmittelbar intuitive und expressive Darstellen hinausgehen – planerisches Vorgehen und handwerkliches Können. Hinzu kommen die sozialen Organisationsprozesse in der Gruppenarbeit. Beim Malen eines Wandbildes werden ganz grundsätzliche Arbeitsstrukturen und -techniken erlernt und angewendet.

Vorschlag für eine Unterrichtseinheit
Gesamtumfang 7 Doppelstunden und Hausaufgaben

1. Doppelstunde:
a) Betrachtung des Hauptbildes
b) Vergleiche und Diskussionen zu anderen Weltbildern im KUNST Arbeitsbuch und im KUNST Bildatlas
c) Skizzierung erster Bildideen
Hausaufgabe: Suche nach weiteren Bildbeispielen, evtl. Vorbereitung kleiner Referate

2. + 3. Doppelstunde:
a) Vorstellung gefundener Weltbilder und der vorbereiteten Referate
b) Hauptaufgabe: zeichnerische und malerische Arbeit an einem großen Bildentwurf für ein Gemeinschaftsbild
Hausaufgabe: evtl. Fertigstellung der Entwürfe

4. Doppelstunde:
a) Diskussion der Entwürfe, Entscheidung über die Ausführung, Planung der Ausführung
b) Organisation des weiteren Arbeitsprozesses, Vorbereitung des ausgewählten Entwurfs für die Ausführung

5./6. + 7. Doppelstunde:
Ausführung des ausgewählten Entwurfs als Gemeinschaftsbild

Erwartungshorizont und Tipps zur Durchführung der Hauptaufgabe

Die Aufgabenstellung beinhaltet eine maximale Öffnung für verschiedene Bildideen und Bildkonzepte. Folgende grundlegende Bildkonzepte wären denkbar:
- komplexe Fortentwicklung des Bildtyps „Landschaft“, „Stadt“ oder „Haus und Garten“ in Richtung auf ein „Panorama“ (vgl. KUNST Bildatlas S. 169)
- komplexe Fortentwicklung des Bildtyps „Landkarte“ (Mapping, vgl. Kap. 10)
- Bildtypus Kosmos/Weltall
- Bildtypus Globus/Weltkarte
- „innere“ Landkarte der eigenen Gedanken, also etwa eine Mind-Map, ein kartiertes Bild des eigenen Gedächtnisses usw.
- rein konzeptuelles Bild, das etwa nach dem Vorbild mittelalterlicher Bildtypen einen geistigen Welt-Raum entwirft.
- Bildtypus des „Inventars“, also „Was gibt es alles in der Welt?“
- Bildtypus „Wimmelbild“ nach dem Muster bestimmter Bilderbücher, die kindliche Lebenswelten in Stadt und Land zu einem narrativen Panorama entfalten.

Je nachdem, welche Anregungen den Schülern gegeben werden oder welches Anregungsmaterial sie sich selbst suchen, wird sich die Bearbeitung der Aufgabenstellung in eine dieser Richtungen entwickeln können.

Sinnvoll wären möglicherweise konkretisierende sowie etwas einengende Themenformulierungen:
- *Stelle „deine Welt“ als eine Art Landkarte deines inneren Gedächtnisses dar. Beginne mit einem Gegenstand, der dir viel bedeutet. Sodann zeige, welche Erinnerungswege und -straßen von diesem Gegenstand weg zu anderen Dingen, Orten, Personen usw. führen. Sind es „Hauptwege“, „Nebenwege“ vielleicht auch abgebrochene Wege?*
  Gehe in deiner Erinnerung diese Wege und Straßen entlang, zeichne ihre Verzweigungen und Verbindungen, bis eine möglichst vollständige Landkarte deiner „inneren Welt“ entsteht.
- *Stelle dir vor, du müsstest einem Wesen einer ganz fremden Galaxie unsere Welt erklären. Welches Bild würdest du ihm von unserer Welt zeichnen?*

Weiterführende Literatur:
- **Lanius, Karl: Weltbilder, Eine Menschheitsgeschichte, Leipzig 2005**

Hinweise zum KUNST Bildatlas:
- **S. 29: Ein aus der Landschaft abgeleitetes Weltbild einer frühen Stammeskultur**
- **S. 145: Giovanni Battista Tiepolos: Würzburger Deckenfresko als Darstellung der vier Erdteile**
- **S. 169: Albrecht Altdorfer: Die Schlacht bei Issus (Alexanderschlacht) als Darstellung eines alten Kampfes zwischen „Abendland“ und „Morgenland“**
- **S. 195: Hieronymus Bosch: Der Garten der Lüste (Bible moralisée) als Darstellung des christlichen Schöpfungsglaubens**
- **S. 213: Der tanzende Gott Shiva und das hinduistische Weltbild des Kreislaufes von Werden und Vergehen**
- **S. 231: Die Akropolis und das Weltbild der griechischen Mythologie: der Kosmos und die Götter**

- *Gehe vom Mapping-Bild „Das ist meine Welt" aus (vgl. Kap. 10). Erweitere das Bild um das „Drumherum" um deine Welt: die Stadt, das Land, Europa, der Kosmos usw.*
- *Denke über deine Vorstellung von der Welt nach – stelle dir eine Art „Weltordnung" vor, in der das Gute wie das Böse, das Angenehme wie das Unangenehme Platz hat, in der vielleicht auch andere Unterschiede herrschen (Ost – West, Armut – Reichtum usw.). Gibt es in dieser Welt vielleicht auch Übersinnliches, gibt es Traumwesen, Engel, Geister usw.? Wie lassen sich diese Ideen als großes zusammenfassendes Bild entwerfen?*
- *Denke über die Erdteile und ihre Besonderheiten nach? Wie lassen sich diese Besonderheiten darstellen und wie lässt sich das „Ganze" der Welt im Bild vorstellen?*
- *Denke über die Entstehung des Universums nach. Was ist der Weltraum, was sind die Galaxien, wo sind in unserer Galaxie die Sonne und Planeten? Was ist sonst noch im Weltraum?*
- *Du kannst auch an den zeitlichen Ablauf der Welt denken: an Anfang und Ende des Kosmos, Anfang und Ende der Naturgeschichte oder der menschlichen Geschichte. Man kann die Weltzeit auch als Kreislauf denken – als Kreislauf des Jahres, des Tages, der Woche usw. Auch daraus könnte sich eine Bildidee ergeben.*
- *In den verschiedenen Religionen versuchen die Menschen, die Welt als Ganzes vorzustellen, z. B. ihre Erschaffung, ihr Ende, das „Weltgericht" am Ende der Zeit usw. In der Kunst aller Völker und aller Zeiten finden sich hier zahlreiche Bilder, die dir als Anregung für eine eigene Bildidee dienen können.*

Die zu vollbringende Hauptleistung wird darin bestehen, einerseits Reichtum und Differenziertheit von Bildideen zu entwickeln, andererseits aber eine übergreifende Kompositionsidee zu entwickeln.
Ob der Unterricht hier deduktiv vorzugehen hat – also etwa mit den Weltbildern der Kunstgeschichte beginnt – oder ob er eher induktiv in der Gestaltung vom Kleinen und Ausschnitthaften zum Großen und Ganzen fortschreitet, kann verschieden gelöst werden.
Besonders reizvoll erscheint es, eine Gruppenarbeit anzustoßen – was nur über Diskussionen und Einigungsprozesse leistbar ist.

Ein interessantes älteres Bild der Welt, das große Weltbild von Giovanni Battista Tiepolo in der Würzburger Residenz (KUNST Bildatlas S. 144/145) entstand im Jahre 1750. Es zeigt vier Erdteile: Europa, Afrika, Asien und Amerika. Jeder Erdteil wird – den damaligen Reiseberichten folgend – mit seinen Besonderheiten dargestellt. Während Europa sehr positiv dargestellt ist, ist z. B. Amerika von menschenfressenden Indianern und Krokodilen bevölkert. In Afrika gibt es Elefanten und Pyramiden, in Asien Tiger usw. Über dieses Bild ließe sich sehr gut diskutieren, um dann Fragen zu unserem heutigen Weltbild zu stellen.

[1] Weltkarte auf der Olympiade in Bejing/China (2008): Aus chinesischer Sicht hat die Welt eine ganz andere Mitte als aus europäischer Sicht, die natürlich für uns viel gewohnter ist.

In den 50er- und 60er-Jahren des 20. Jahrhunderts, als Deutschland in zwei Staaten geteilt war, wurden in Westdeutschland (Bundesrepublik Deutschland) jährlich Malwettbewerbe über das geteilte Land veranstaltet. Die Kinder sollten ihre Vorstellung vom „eigenen" und vom „anderen" Deutschland darstellen. Sie mussten sich also einen Landesteil vorstellen, den sie damals gar nicht betreten konnten, weil die Grenze seit 1961 durch einen Zaun und andere Absperren verbaut war. Die beiden Abbildungen [2+3] zeigen, wie sich Westkinder diese Teilung der „Welt" vorstellten. Das erste Bild zeigt sehr plakativ den Gegensatz zwischen dem „freien" Westen und dem „totalitären" Osten (Deutsche Demokratische Republik, DDR). Das andere Bild zeigt eine geteilte Welt und äußert den Wunsch nach Vereinigung, die dann 1990 tatsächlich erfolgte. Wie hätten wohl DDR-Kinder umgekehrt die „zwei Welten" dargestellt?

[2+3] Kinderbilder zum geteilten Land 1950er-/1960er-Jahre

Das Bild [4] einer Hauptschülerin in der 6.Klasse zeigt ihre Weltvorstellung: Einerseits wird der reale Globus dargestellt, mit den Ländern, die ihr besonders wichtig erscheinen, andererseits gibt es merkwürdige Fantasiewesen.

[4] Schülerarbeit, 6. Klasse

Eine 20-jährige Studentin hat „ihre Welt“ dargestellt [5], und zwar ausgehend von den Orten, die sie schon bereist und mit eigenen Augen gesehen hat. Die Spanne reicht von Frankreich nach Australien, von Barcelona bis Venedig usw.
Das Weltbild [6] eines 12-jährigen Mädchens (6. Klasse) zeigt einen Planeten im Weltall. Der Planet ist voll von Fantasieformen, die an Städte, aber auch an Lebewesen oder Ornamente erinnern.

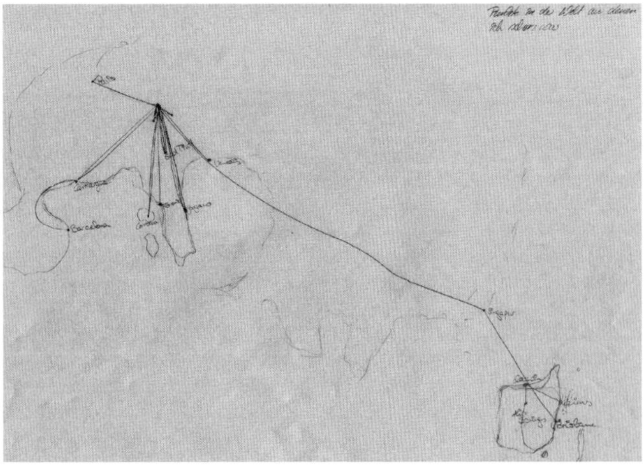

[5] Das Weltbild einer Studentin

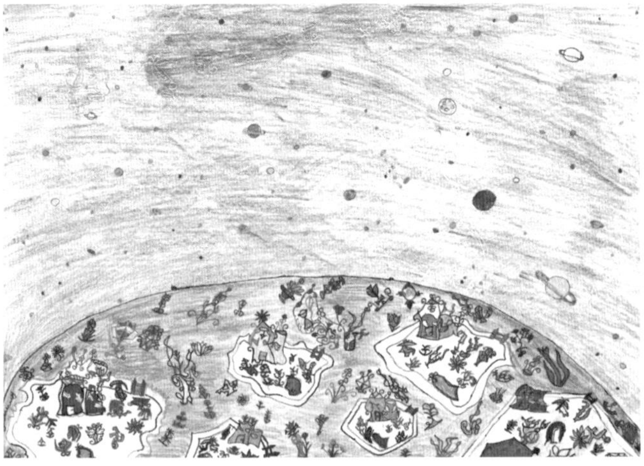

[6] Schülerarbeit, 6. Klasse

[7] Schülerarbeit, 7. Klasse

[8] Schülerarbeit, 9. Klasse

Ein Mädchen einer 7. Klasse zeichnet ihr Weltbild [7] in der Form des „Jüngsten Gerichtes", wie es in mittelalterlichen Altarbildern dargestellt wird. Hier sieht man Gut und Böse, Lebende und Tote, Gott und seine Engel, Sonne und Mond, ein dunkles unterirdisches Höllenreich mit Teufeln und Dämonen, Himmel und Hölle. Der Lebensweg ist als Aufstieg über eine Leiter symbolisiert.

Die Schülerin einer 9. Klasse stellt ein Weltbild [8] dar, das von den Problemen der Gerechtigkeit und Ungerechtigkeit bestimmt ist. Sie findet dafür eine Bildlösung, die die Gesamtschau auf den Globus mit herausvergrößerten und narrativ ausgestalteten Einzelszenen verbindet.

Die Schülerin einer 8. Klasse gestaltet ein äußerst komplexes, aus mehreren Szenen zusammencollagiertes Weltbild [9], in dem sich reale Wahrnehmungen und mediale Bilder des Weltgeschehens zu einem negativen Panorama verbinden.

Der Schüler einer 7. Klasse zeigt sein Weltbild [10] als Lebensweg, der zwischen negativen Problemfeldern (Armut, Krieg, Umweltkatastrophen usw.) zu einem transzendenten Ziel hin verläuft.

[9] Schülerarbeit, 8. Klasse

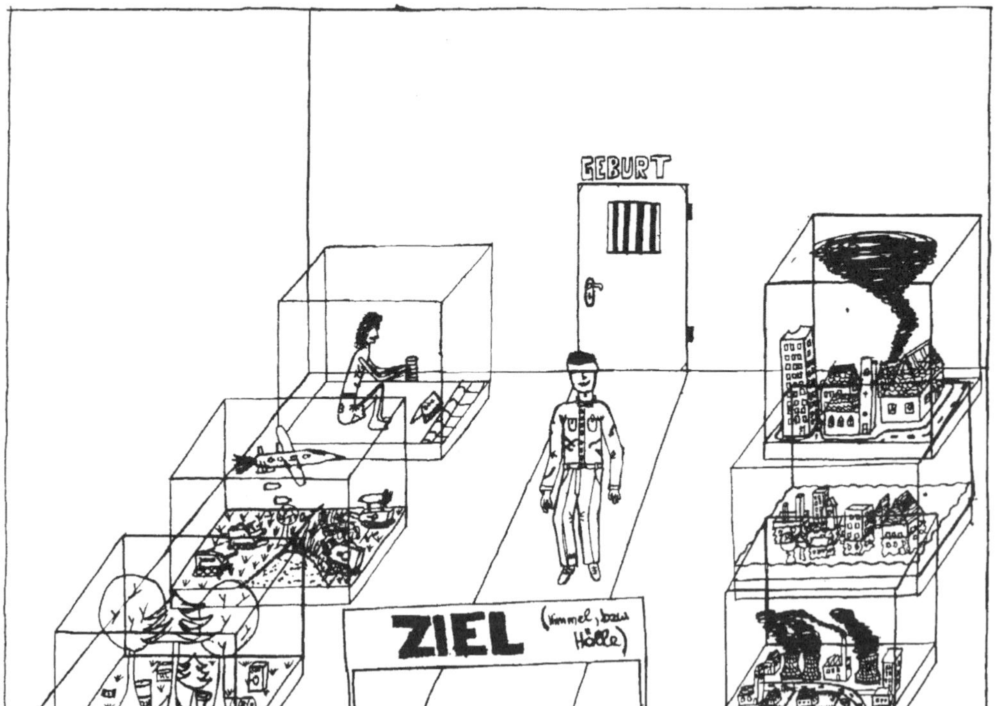

[10] Schülerarbeit, 7. Klasse

Zum Hauptbild

Biografische Hinweise
Hieronymus Bosch wurde um 1450 in 's-Hertogenbosch geboren und verbrachte dort den größten Teil seines Lebens. Um 1486 wird er urkundlich erwähnt als Mitglied einer Laienbruderschaft, deren Vorstand er bald angehörte. Um 1500 malte er die Bilder „Das Narrenschiff" und „Der Heuwagen", die in grotesker und satirischer Weise die Verfehlungen der Menschheit darstellen.

Viele seiner Bilder zeigen solche grotesken Züge, haben aber stets einen moralischen und religiösen Hintergrund. Dies gilt vor allem für sein bedeutendstes Werk, das um 1500 entstandene Triptychon „Der Garten der Lüste", das einen fantastischen Kosmos der Welt zwischen Paradies, Sündenfall und Erlösung zeigt. Die überbordende Fantasie seiner Bilder, der Erfindungsreichtum monströser Tiere, Pflanzen und Dämonen wirkt manchmal fast modern und wurde von den Surrealisten intensiv studiert. In Wahrheit setzt sich aber hier die Kunst des Mittelalters fort, ihre Freude an den Wundern der Welt, am unerschöpflichen Reichtum der Schöpfung – im Guten wie im Bösen. Bei Bosch können diese erstaunlichen Lebewesen sowohl symbolisch für die Fruchtbarkeit des Paradieses stehen wie für die Schrecken der Hölle. Bosch starb 1516 in seinem Geburtsort.

Zum „Weltbild" auf dem Außenflügel des Triptychons: „Die Schöpfung"
Boschs Bild mit der Weltkugel auf der Außenseite des großen Klappaltars bildet den Auftakt zur Innenseite, die sichtbar wird, wenn man die beiden Flügel nach außen klappt. Dann zeigt das Hauptbild des „Gartens der Lüste" die vollendete Schöpfung am sechsten Schöpfungstag: das Paradies auf Erden. Der linke Seitenflügel zeigt die Erschaffung Evas, der rechte die Hölle, die als Folge des Sündenfalles der Menschen droht (vgl. KUNST Bildatlas S. 194/195).
So stellt der Altar insgesamt ein umfangreiches theologisches Programm dar, das Anfang und Vollendung der Welt verbildlicht. Die Außenseiten bilden den Auftakt. Sie sind nur in grauen Farben gemalt, als „Grisaillemalerei". Dies ist eine bewusste Gestaltungsentscheidung, um die Steigerung zum vollfarbigen Innenbild deutlich zu machen.
Der Sinn der Darstellung der „Weltkugel" geht aus der lateinischen Inschrift hervor, geschrieben in einer steilen und gebrochenen gotischen Schrift am oberen Bildrand der Außenseiten:
„Ipse dixit et facta sunt, Ipse mandavit et creata sunt" (Psalm XXXII, 9; Psalm CXLVIII, 5)
(„Er selbst befahl, und alles wurde gemacht/alles geschah, Er selbst trug auf, und alles wurde erschaffen")

Die Urlandschaft der Erde wird am dritten Schöpfungstag gezeigt: Sie erhebt sich aus dem Wasser, über dem noch der Nebeldunst des Anfangs liegt. Man sieht Berge aufsteigen, Pflanzen wachsen und im Himmel sammeln sich dunkle Regenwolken. Dieses ganze Wunder der Schöpfung ist umgeben von einer glänzenden Kugelmembrane, die wie eine Retortenkugel den Vorgang in sich birgt – inmitten des dunklen Alls. Im linken oberen Eck ist der Schöpfer selbst sichtbar, in einer Lichtaura – er ist einerseits außerhalb der Welt, andererseits bringt er sie hervor. Er hält ein aufgeschlagenes Buch in Händen und hebt gerade die rechte Hand.
Die großartige und originelle Bilderfindung Boschs stellt die Weltentstehung „aus dem Nichts" vor – wie im Buch Genesis der Bibel beschrieben. Himmel, Erde und Wasser als getrennt vom All. Es bildet sich der feste Boden, auf dem dann das Leben entstehen kann.

Weiterführende Literatur:
- **Tolnay, Charles de: Hieronymus Bosch, Eltville 1984**
- **Gibson, Walter S.: Hieronymus Bosch, Frankfurt/M. Berlin/ Wien 1974**

Bildnachweis:
Umschlag 1 + 3 Klett-Archiv, Stuttgart; **2** aus: Stefan Schmidt, Crashkurs Zeichnen, Kallmeyer Verlag, 2008 © 2008 Erhard Friedrich Verlag GmbH (Claudia Below, Zürich), Seelze; **15** Judith Hilmes, Bawinkel **16** Klett-Archiv (Hubert Sowa), Stuttgart; **17** Klett-Archiv (Marita Krützkamp), Stuttgart; **18** Klett-Archiv (Marita Krützkamp), Stuttgart; **19** Klett-Archiv (Peggy Skott), Stuttgart; **21** Klett-Archiv (Theresa Spann, Zulassungsarbeit, Universität Passau 2008), Stuttgart (Wir danken Herrn Brunnbauer, Staatliche Realschule Passau, Neuburgerstr. 94 für die freundliche Unterstützung.); **22.2** Klett-Archiv (Theresa Spann, Zulassungsarbeit, Universität Passau 2008), Stuttgart (Wir danken Herrn Brunnbauer, Staatliche Realschule Passau, Neuburgerstr. 94 für die freundliche Unterstützung.); **22.3** Klett-Archiv (Alexander Glas), Stuttgart; **23** Klett-Archiv (Alexander Glas), Stuttgart; **30** Klett-Archiv (Marita Krützkamp), Stuttgart; **32** Klett-Archiv (Marita Krützkamp), Stuttgart; **33** Klett-Archiv (Marita Krützkamp), Stuttgart; **38** Klett-Archiv (Norbert Osterholt), Stuttgart; **39** Klett-Archiv (Norbert Osterholt), Stuttgart; **44** Klett-Archiv (Stefan Schmidt), Stuttgart; **45** Klett-Archiv (Stefan Schmidt), Stuttgart; **46**: Klett-Archiv (Stefan Schmidt), Stuttgart; **47** Klett-Archiv (Stefan Schmidt) Stuttgart, **53** Klett-Archiv (Bettina Uhlig, Stuttgart), Stuttgart (4); S. 54: Erhard Friedrich Verlag (Wolfgang Legler), Seelze; S. 55: Klett-Archiv (Bettina Uhlig), Stuttgart; **60** Klett-Archiv (Margarete Dieck), Stuttgart; **61** Klett-Archiv (Margarete Dieck), Stuttgart; **62** Klett-Archiv (Margarete Dieck), Stuttgart; **66** Klett-Archiv (Hubert Sowa), Stuttgart; **67** Klett-Archiv (Hubert Sowa), Stuttgart; **68** Klett-Archiv (Hubert Sowa), Stuttgart; **72** Klett-Archiv (Brigitte Schira), Stuttgart; **73** Klett-Archiv (Brigitte Schira), Stuttgar; **74** Klett-Archiv (Brigitte Schira), Stuttgart; **78** Klett-Archiv (Anja Krause), Stuttgart; **79** Klett-Archiv (Marita Krützkamp), Stuttgart; **80** Klett-Archiv (Anja Krause), Stuttgart; **81** Klett-Archiv (Anja Krause), Stuttgart; **84** Klett-Archiv (Verena Hamm), Stuttgart; **85** Klett-Archiv (Verena Hamm), Stuttgart; **86** Klett-Archiv (Anja Krause), Stuttgart; **91** Klett-Archiv (Hubert Sowa), Stuttgart; **91 1.m** Klett-Archiv (Friedolin Kleuderlein), Stuttgart; **92** Klett-Archiv (Hubert Sowa), Stuttgart; **94** Klett-Archiv (Friedolin Kleuderlein), Stuttgart; **99** Klett-Archiv (Hubert Sowa), Stuttgart; **100** Klett-Archiv (Hubert Sowa), Stuttgart; **101** Klett-Archiv (Hubert Sowa), Stuttgart, **102** Klett-Archiv (Hubert Sowa), Stuttgart

Nicht in allen Fällen war es uns möglich, den Rechteinhaber der Abbildungen ausfindig zu machen. Berechtigte Ansprüche werden selbstverständlich im Rahmen der üblichen Vereinbarungen abgegolten.

1. Auflage 1 5 4 3 2 1 | 13 12 11 10 09

Alle Drucke dieser Auflage sind unverändert und können im Unterricht nebeneinander verwendet werden. Die letzte Zahl bezeichnet das Jahr des Druckes.

Redaktion: Katja Heckes, Köln
Herstellung: Sylvia Kusch

Repro: Meyle + Müller, Medien-Management, Pforzheim
Druck: AZ Druck und Datentechnik GmbH, Kempten/Allgäu
Druck Folien: Salzland Druck & Verlag, Staßfurt

Printed in Germany
ISBN (Klett) 978-3-12-205085-6

9 783122 050856

ISBN (Friedrich) 978-3-617-62202-5

9 783617 622025